Introvertido

Una guía esencial para aprovechar al máximo su introversión, que incluye una guía para superar la ansiedad social y consejos de liderazgo para los introvertidos

Índice

Primera Parte: Introvertidos

La Guía Definitiva para Introvertidos que desean ser más Abiertos, Sociables y Desarrollar Habilidades de Liderazgo, sin Renunciar a su Introversión

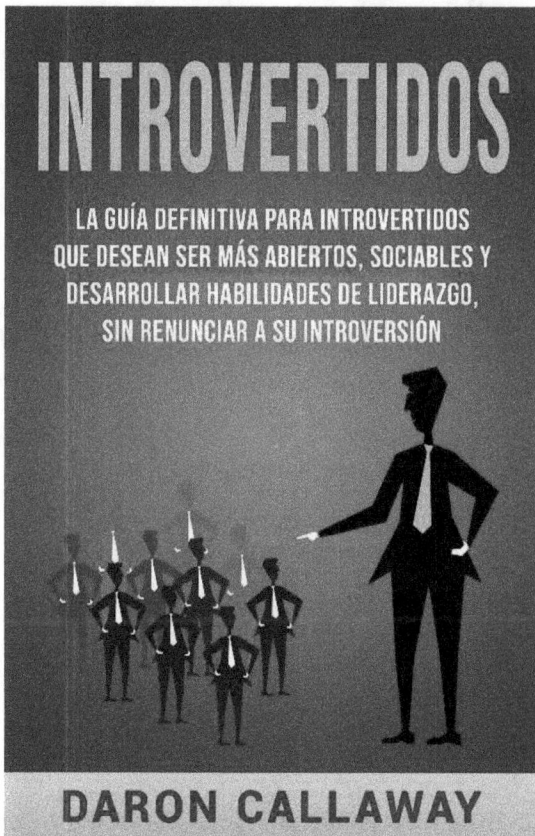

Introducción

¿Se siente nervioso en lugares llenos de gente? ¿Siente angustia al hablar con personas que no conoce? ¿Le sudan las manos cuando se ve forzado a iniciar una conversación? Si ha respondido afirmativamente a alguna de las preguntas anteriores, no se preocupe. El temor a la interacción social es bastante frecuente y usted no está solo en esto.

El mundo se puede dividir en dos tipos de personas: aquellas de carácter abierto, que adoran hablar y salir, y aquellas que prefieren la soledad y el silencio. Las primeras, son personas extrovertidas, mientras que las últimas son introvertidas. Si se encuentra leyendo este libro, todo apunta a que usted forma parte de la segunda categoría.

Las personas introvertidas son a menudo mal interpretadas, en adición a que tener un carácter introvertido es, en sí misma, una experiencia abrumadora. Ser introvertido, en un mundo guiado por extrovertidos, puede resultar extraño e incómodo. Sin importar la edad, sentir las limitaciones de la introversión en un mundo lleno de gente de carácter abierto y sociable es complicado.

La introversión conlleva tener que enfrentar problemas adicionales cada día, dado que los protocolos sociales están, en su mayoría, orientados a los extrovertidos. Esto acaba conduciendo a la persona introvertida a desarrollar problemas personales y profesionales en algunos casos. Por ejemplo, los introvertidos normalmente tratan de eludir las reuniones de trabajo, ya que suelen tener lugar en espacios grandes y llenos de público. Asimismo, evitan conocer gente nueva porque les intimida desenvolverse en bares, discotecas, restaurantes llenos de gente, etc.

Decididamente, son muchos los problemas que los introvertidos enfrentan día tras día, pero esto no significa que sean imposibles de superar. Por el contrario, se pueden evitar fácilmente, solo hay que saber cómo hacerlo. Lo único que necesita es aplicar ciertas indicaciones y este libro le dirá cuáles son.

Si sigue leyendo, encontrará descripciones detalladas de cómo funciona una mente introvertida y las dificultades que se encuentra cotidianamente. Se analizan también las esferas de la vida profesional, social, y personal de una persona con estas características. Y todo ello, ofreciendo excelentes consejos que pueden ayudarle a aceptar su introversión, y convertirle en un individuo sin miedos y abierto a nuevas experiencias.

Para que resulte ameno, este libro se ha escrito con un lenguaje simple, claro y fácil de entender. De esta forma, incluso un principiante podrá comprender lo que ocurre en el interior de las personas introvertidas. Ser introvertido puede ser duro, pero este libro le ayudará a llevarlo con mayor facilidad.

Capítulo Uno: ¿Es usted introvertido?

La introversión es un rasgo de la personalidad que es, a menudo, juzgado y entendido negativamente. Esto se debe a la actitud callada que suelen mostrar estas personas. Su silencio es confundido habitualmente con un signo de arrogancia o mala educación. Son muchos los que piensan que a las personas introvertidas no les gusta tratar con la gente, pero se trata, obviamente, de un falso estereotipo.

A los introvertidos no les molesta la gente. Simplemente necesitan tomar un respiro de vez en cuando lejos de la sociedad para recargar su propia energía. Habitualmente, les resulta complicado conectar con otras personas y participar en charlas superfluas. No obstante, les agrada disfrutar de una conversación significativa y llena de contenido.

La creencia popular suele ser que los momentos de soledad son apreciados exclusivamente por los introvertidos, pero esto es nuevamente falso. Muchos extrovertidos necesitan de vez en cuando estar solos. En la actualidad, la gente puede incluso sentir confusión acerca de su propia personalidad, dudando por ejemplo si son introvertidos o extrovertidos. En esta sección del libro trataremos de aclarar algunos aspectos para ayudarle a distinguir si es usted una persona introvertida.

Signos de la Persona Introvertida

• **Charlas superficiales**

La mayoría de las personas introvertidas odia el parloteo. Usualmente intentan evitar a toda costa situaciones que les conducirán a conversaciones banales. No les agrada hablar sobre temas triviales, como el tiempo, las modas, etc. Por contra, participan con entusiasmo en conversaciones profundas y llenas de significado.

• **Demasiadas Reflexiones**

Muchos introvertidos cometen el error de pensar demasiado. Esto quiere decir, que en muchas ocasiones analizan en exceso situaciones que realmente requieren de un análisis menos exhaustivo.

• **Disfrutar de la Soledad**

Como se ha mencionado anteriormente, los introvertidos adoran la soledad. Les gusta pasar tiempo a solas y disfrutar de actividades como la lectura, ver películas, escribir, escuchar música, etc. Prefieren, por ejemplo, pasar el fin de semana solos, en lugar de acudir a cualquier fiesta ruidosa y superflua. No es únicamente que les guste estar solos, es que lo necesitan. Esto es debido a que suelen necesitar una recarga de sus niveles de energía social después de tratar con otras personas.

• **Cualidades de Liderazgo**

Este punto puede resultar chocante, pero habitualmente son excelentes líderes. Los introvertidos pueden, además de hacer grandes reflexiones, conectar profundamente con otras personas. Debido a su capacidad de escucha activa, suelen tener en consideración las opiniones de otras personas. Lejos de ser líderes despóticos, les gusta escuchar cada una de las aportaciones y puntos de vista de la gente que les rodea.

- **Problemas con las Relaciones Sociales**

Si un introvertido asiste a un evento social, como una fiesta o una cita, muy probablemente se sienta incómodo. En las fiestas donde no conocen a nadie pueden sentirse presionados, estresados, o aislados. Al no sentirse atraídos por las charlas superficiales, prefieren desenvolverse en grupos reducidos de gente.

- **Imaginación**

Los introvertidos poseen una gran imaginación. Son muy creativos, y les gusta ir por delante de los demás. El problema surge a la hora de expresar sus ideas.

- **Hablar por Teléfono**

Tal y como hemos comentado antes, no se encuentran cómodos al teléfono. En su lugar, prefieren los mensajes de texto.

- **El Centro de Atención**

A los introvertidos no les gusta ser el centro de atención. Prefieren permanecer al margen, especialmente en lugares llenos de gente.

- **Necesidad de Tiempo a Solas para Recargar**

El introvertido recarga su propia energía cuando se encuentra en soledad. Las reuniones y eventos sociales les agotan. Cuando sienten que su energía se ha drenado, a menudo se retiran a entornos silenciosos y tranquilos para recargarla.

- **Capacidad de Escucha Activa**

Los introvertidos suelen ser grandes oyentes, ya que no les agrada imponer sus ideas sobre otros.

- **Grupos Reducidos**

Generalmente no tienen un gran número de amigos, sino más bien unos pocos. Sin embargo, suelen estar muy apegados a ellos.

- **Buenos Observadores**

Tienden a ser buenos observadores, y prestan atención a los pequeños detalles.

- **Ansiedad**

Muchos introvertidos presentan trastornos de ansiedad. Esto normalmente se debe a que analizan todo demasiado.

- **Empatía**

Los introvertidos, en muchas ocasiones, entienden y se identifican con los problemas de otras personas. Pueden comprender las emociones de otros, e incluso canalizarlas.

- **Trabajo en Equipo**

Prefieren trabajar solos, aunque también saben cómo trabajar en equipo. De hecho, pueden ser excelentes líderes si tienen la oportunidad.

- **Creatividad**

Las personas introvertidas son generalmente creativas porque tienen una imaginación potente, son buenos observadores, y presentan sensibilidad emocional. Miran al mundo desde una perspectiva diferente y habilidosa.

- **Almas Viejas**

Ya hemos mencionado que odian las conversaciones superficiales y se sienten más cómodos conversando de una manera profunda y filosófica; por este motivo, mucha gente los apoda "almas viejas".

- **Dificultad para Tratar con el Extrovertido**

Los introvertidos, a menudo, se sienten intimidados por las personas extrovertidas. Sienten una barrera que les dificulta acercarse a ellos y hablarles.

- **Expresar los Pensamientos con Palabras**

Con frecuencia tienen muchas ideas que aportar, pero no saben cómo expresarlas. Temen ser juzgados o incomprendidos, y por ello les resulta difícil transmitir sus pensamientos.

- **Trastornos del Sueño**

Los cerebros de los introvertidos suelen estar muy activos. Por lo tanto, tienen problemas para conciliar el sueño.

- **Desagrado por los Bullicios**

Normalmente, les cuesta permanecer en lugares bulliciosos porque se sienten fuera de lugar.

- **Introversión no es Igual a Timidez**

Hay ciertas diferencias. Es verdad que a los introvertidos no les agrada demasiado socializar, pero no sienten angustia por tratar con otras personas. Las personas tímidas, sin embargo, encuentran muy intimidante socializar. Además, los tímidos que son también extrovertidos normalmente no se sienten cómodos estando solos.

- **Entablar Conversaciones**

A los introvertidos no les gusta iniciar conversaciones. Les cuesta mucho entablar una charla, ya que detestan hablar de temas insignificantes. Aunque esto no quiere decir que no les agrade hablar con la gente. Si alguien se acerca a ellos, generalmente corresponden con una magnífica conversación.

- **Evitar Confrontaciones**

La persona introvertida evita los conflictos y discusiones. No se sienten cómodos imponiendo su criterio. Se inclinan a esperar y ver cómo se desarrolla el motivo de discordia antes que entrar en una discusión, ya que prefieren mantener las cosas en armonía y paz.

- **Alejarse de Masas y Ruidos**

Las mentes de los introvertidos son a menudo muy desarrolladas y creativas, con una imaginación muy activa. Generalmente, se alejan de multitudes y ruidos cada cierto tiempo.

Tipos de Introversión

Podemos encontrar numerosos artículos, listados e historias que tratan sobre las diferencias entre personas introvertidas y extrovertidas. A pesar de toda esta información disponible, no es muy conocido el hecho de que existen cuatro tipos de introversión. Obviamente, hay grandes diferencias de personalidad, pero conforme a la teoría predominante en la actualidad se pueden diferenciar cuatro tipos de introvertidos: el social, el ansioso, el reflexivo y el inhibido. Vamos a analizar cada uno de ellos.

• Introvertido Social

Este es el más estereotipado entre todos. Los introvertidos sociales prefieren vivir en soledad y no les gusta interaccionar con la gente; prefieren evitar las interacciones. Su círculo de amistades y familiares es muy reducido y guarda una estrecha relación con ellos.

Generalmente encuentran su energía pasando tiempo a solas. Eligen estar solos, en lugar de estar en grupo, porque los grupos les drenan su energía mental, emocional, e incluso física.

Este tipo de introversión es a menudo tomada, erróneamente, por timidez. Son muchos los que piensan que los introvertidos sociales son tímidos, aunque la verdad es que una cosa no tiene por qué ir asociada a la otra. De hecho, un introvertido social puede ser bastante sociable, pero prioriza su soledad frente a la compañía. Las personas tímidas pueden ser de la misma manera sociables, pero no se sienten atraídas por unirse a un grupo.

• Introvertido Reflexivo

Este tipo de introvertido se caracteriza por soñar despierto acerca de salir y entablar conversaciones con otras personas. Para ellos la realidad sería ideal si se correspondiese con sus fantasías. Les gusta pensar y analizar ideas, y también disfrutar de la nostalgia. Adoran perderse en sus recuerdos y pensamientos (pero no de forma neurótica).

• Introvertido Ansioso

El tercer tipo de introvertido es el ansioso. Tal y como el nombre sugiere, las personas que sufren esta clase de introversión se preocupan y sienten ansiedad ante ciertas situaciones. Disfrutan de la soledad y tienden a sentirse angustiados, incómodos, y cohibidos cuando se encuentran rodeados de gente.

Habitualmente, esta introversión se relaciona con problemas de socialización previos; problemas centrados en las conversaciones e interacciones sociales. A causa de acontecimientos anteriores, los introvertidos ansiosos suelen encontrar complicado relacionarse con otras personas. Pero esto no significa que dichas experiencias negativas no puedan combatirse, ya que las perspectivas de la persona que presenta esta introversión pueden cambiarse para que pueda sentirse más cómoda en situaciones sociales.

Dos métodos que pueden ayudar a los introvertidos a reducir la negatividad en este respecto son el asesoramiento y la terapia. Con la ayuda de estos medios puede reconstruir su confianza social.

• Introvertido Inhibido

Esta forma es menos común que las citadas anteriormente. Los introvertidos inhibidos o retraídos encuentran difícil relacionarse y abrirse a otras personas. Les gusta estar en compañía de otros, pero únicamente después de haberse acostumbrado a esas personas y a la situación. Son generalmente conocidos como "reservados" y les gusta pensar antes de hablar, y observar a los demás antes de expresar sus ideas.

A pesar de que hemos enumerado cuatro tipos de introvertidos, estos constituyen únicamente los tipos principales, existen muchos más. Se hace imposible distinguir todas las formas posibles de introversión debido a que son altamente complejas y se superponen unas a otras. Este modelo puede ayudarle a entender los tipos básicos y alcanzar un mejor conocimiento de sí mismo, pero no utilice esta clasificación para encasillarse. Comúnmente, se tiende a tener una mezcla de los cuatro tipos anteriores. Recuerde, las personas son complejas y categorizarlas siempre conduce a deducciones incorrectas.

Introvertidos Famosos

Mucha gente piensa que para triunfar en la vida es necesario ser extrovertido. Realmente esto es un mito que se desmonta con solo mirar a muchos famosos que alcanzaron el éxito precisamente por su personalidad introvertida. En esta sección, veremos algunos de los más exitosos y conocidos introvertidos

- **Albert Einstein**

Albert Einstein es quizás el físico y científico más conocido mundialmente, y es también uno de los introvertidos más reconocidos. Einstein creía firmemente que su conocimiento, éxito y creatividad eran el resultado de su introversión y su hábito de introspección. Las nuevas ideas y descubrimientos sucedían cuando se encontraba en soledad.

Como Einstein, usted puede sentarse solo y disfrutar de esa paz. Le ayudará a desarrollar un pensamiento creativo y aplicarlo a las tareas que quiere realizar.

- **Bill Gates**

Bill Gates es uno de los personajes más ricos y exitosos del planeta. También es un introvertido. Él cree que la serenidad que ofrecen los momentos en soledad puede contribuir al éxito de una persona porque dichos momentos permiten pensar tranquilamente, analizando las ideas desde distintos puntos de vista, y combinándolas de manera que junto a la energía de los extrovertidos conduzcan a que una compañía triunfe.

Otro hecho que resulta apropiado destacar acerca de Gates es que, a pesar de ser introvertido, no es tímido. Esto demuestra que nadie es totalmente introvertido o totalmente extrovertido.

• Eleanor Roosevelt

Eleanor Roosevelt fue una figura pública emblemática que siempre será recordada por sus conferencias de prensa, lecturas públicas, y personalidad carismática. Debido a esto, puede resultar llamativo para algunas personas descubrir que poseía una personalidad introvertida. Ella tenía la firme convicción de que es crucial ser amigo de uno mismo, ya que de lo contrario es imposible ser amigo de otros. Para ser amigo de uno mismo es necesario disfrutar y relajarse en soledad.

La soledad es clave para desarrollar la sensibilidad por los demás y sus problemas. Le permite relacionarse con los demás a un nivel más profundo. Por lo tanto, la introversión contribuye a una mejor conexión con otras personas, a través de la soledad.

• Meryl Streep

Solemos pensar que los actores son por naturaleza extrovertidos, porque suelen ser sociables, expresivos y demuestran mucha confianza en sí mismos. La realidad es que un número sorprendente de ellos son introvertidos. Uno de los ejemplos más destacables es Meryl Streep. Ella es una actriz segura de sí misma y con un gran talento, pero elige disfrutar de su soledad de vez en cuando. Tiene un profundo y amplio conocimiento de sus características introvertidas, y lo utiliza en su beneficio.

Estos ejemplos arriba citados ponen de manifiesto que los introvertidos no son superiores a los extrovertidos, y viceversa. Ambas personalidades poseen sus propios puntos fuertes y débiles, y todo depende de cómo se usen.

Por lo tanto, los introvertidos son especiales en su propia forma de ser, y no es necesario ser duro con uno mismo por el hecho de tener este carácter. No puede cambiar su personalidad y convertirse en extrovertido. Si siente que su introversión le está causando problemas, puede cambiar ciertos rasgos ligeramente, o como Streep, usar sus características introvertidas en su beneficio.

Es importante que mantenga presente que nadie es por completo extrovertido o introvertido, únicamente es necesario aprender a adaptarse a cada situación o aceptarlas. Use su creatividad y su pasión para conquistar sus metas y vivir la vida al máximo de sus posibilidades.

Capítulo Dos: Mitos sobre los Introvertidos

Lo hemos mencionado anteriormente, hay demasiados mitos asociados a los introvertidos, muchos de los cuales son inofensivos, pero otros pueden dañar la integridad y la imagen. En este apartado veremos algunos de estos mitos relacionados con la introversión.

"Los Introvertidos son Tímidos"

Mucha gente piensa que los introvertidos son tímidos y que no les gusta interactuar con otros. Esto es falso. A las personas introvertidas les gusta interactuar con la gente, pero lo encuentran extenuante, por tanto, no lo hacen demasiado a menudo. La timidez no es un rasgo exclusivo de los introvertidos. Los extrovertidos también pueden ser tímidos.

"Los Introvertidos no Sienten Agrado por la Gente"

A los introvertidos les gusta la gente tanto como a los extrovertidos. Pero en lugar de acercarse y entablar conversación con todo el mundo, tienden a ser observadores y aproximarse con cautela. Prefieren las reuniones reducidas e íntimas por encima de los eventos sociales. Tienen pocos amigos, pero son amigos muy cercanos.

"Los Introvertidos Carecen de Habilidades Sociales"

Los Introvertidos no son inadaptados sociales, sino que suelen poseer buenas habilidades sociales. Muchas veces, incluso podemos catalogar erróneamente de extrovertidos a algunos introvertidos porque presentan una gran soltura a la hora de desenvolverse socialmente.

"Los Introvertidos Carecen de Pensamientos e Ideas"

Tener ideas y expresarlas son cosas distintas. Los introvertidos suelen tener dificultad para expresar sus ideas, pero no quiere decir que no tengan ideas excelentes. De hecho, muchos de los grandes genios de la historia de la humanidad eran introvertidos. Sus mentes son como libros cerrados; hace falta disponer de la llave adecuada para abrirlos, pero una vez abiertos, estos libros están llenos de tesoros escondidos y conocimiento inmaculado. Los introvertidos, por lo general, meditan mucho sus ideas y puntos de vista antes de expresarlos.

"Los Introvertidos Disfrutan de la Soledad"

Ciertamente, los introvertidos se sienten cómodos en soledad, aunque no siempre quieren estar y sentirse solos. Los introvertidos anhelan la intimidad tanto como los extrovertidos. No les gusta sentirse solos; no es lo mismo estar en soledad que sentirse solo.

"Los Introvertidos son Aburridos"

No es que sean aburridos, sino que tienden a cansarse mientras socializan. Saben cómo pasarlo bien en las fiestas, pero no les gustan demasiado. Los introvertidos pueden bailar, cantar, viajar, y divertirse también.

"Los Introvertidos están Deprimidos"

Los introvertidos no están deprimidos. El hecho de que aprecien la soledad no es un signo de depresión. El deseo de estar solos surge a raíz de la necesidad de restaurar su energía a través de la paz que les ofrece la soledad. Es su momento de repostar.

"Los Introvertidos son una Minoría"

Aunque es verdad que en este mundo hay más personas extrovertidas que introvertidas, estos últimos conforman alrededor de un 30-40% de la población total.

"Los Introvertidos Prefieren Escuchar a Hablar"

Los introvertidos realmente saben escuchar, pero esto no significa que no les guste hablar. Disfrutan hablando, aunque para hacerlo necesitan que se les invite previamente. Si su energía social se encuentra en niveles bajos, preferirán escuchar antes que hablar.

"Los Introvertidos Odian ser Interrumpidos"

Como cualquier otra persona, un introvertido encuentra que ser interrumpido constantemente es algo completamente descortés y frustrante. Cuando esto ocurre y el introvertido detiene su diálogo, no es que no tenga nada que decir, seguramente estará ordenando sus pensamientos.

"Los Introvertidos no Disfrutan de las Conversaciones"

A los introvertidos no les agradan las charlas banales. No les gusta entregarse a las conversaciones jocosas porque se cansan de ellas rápidamente y de la misma manera no les gusta hablar por teléfono. Desafortunadamente, los extrovertidos a menudo confunden la falta de interés en estas actividades con mala educación. Esto responde a que las reglas, etiquetas y protocolos de la socialización están diseñados por y para extrovertidos. Si bien los introvertidos intentan ser lo más educados posible, a veces se vuelve demasiado difícil.

"Los Introvertidos Eligen Sentirse Solos"

Que los introvertidos necesitan tiempo de introspección es un hecho bien conocido. Sin embargo, todavía muchas personas se ofenden cuando el introvertido demanda ese tiempo a solas. De hecho, los extrovertidos tienden a relacionar esta necesidad de tiempo a solas con los malos modales y el desagrado por las personas extrovertidas. En lugar de interpretar esa actitud como algo personal, el extrovertido debería intentar comprender la mentalidad y necesidades del introvertido.

"La Introversión se Puede Curar"

Este es un mito que perjudica seriamente al introvertido, ya que contribuye a perpetuar la falsa creencia de que la introversión es algo negativo, como una especie de enfermedad. La introversión no tiene cura porque no es ninguna enfermedad. El carácter introvertido es perfectamente natural.

"Los Introvertidos son Personas Críticas"

El hecho de que los introvertidos tienden a estar en silencio, les hace parecer personas críticas. Por su forma de ser, los introvertidos a menudo piensan y reflexionan sobre los diferentes temas antes de verbalizarlos. Algunas veces incluso sueñan despiertos mientras permanecen en silencio. El silencio no debe confundirse con una actitud crítica.

"Los Introvertidos Carecen de Emociones"

Esta afirmación es totalmente falsa. Los introvertidos sienten las mismas emociones que los extrovertidos, solo que las expresan de una forma más suave. Los sentimientos, emociones, y expresiones de los introvertidos son reservadas e inhibidas, comparadas con las de los extrovertidos. No les gusta mostrarse abiertamente a un nivel sentimental; únicamente lo hacen con sus verdaderos amigos y gente en la que confían.

Capítulo Tres: Comprendiendo a los Introvertidos

La introversión puede resultar realmente confusa, incluso para los propios introvertidos. En este capítulo analizaremos más a fondo la personalidad introvertida y varios de sus aspectos característicos.

MBTI

El MBTI o el test de personalidad de Myers-Briggs es un test basado en las teorías de Carl Jung, que divide a las personas en 16 categorías. De acuerdo con esta teoría, todos los individuos muestran determinados comportamientos que los investigadores pueden usar para categorizarlos. La gente que se incluye en categorías concretas, presenta características de dichas categorías.

Estas 16 categorías están, a su vez, divididas en categorías de introvertidos y extrovertidos. Aquí nos centraremos en los tipos de personalidad introvertida.

Tipos de Personalidad

Tal y como hemos visto en el capítulo anterior, a los introvertidos les gusta disfrutar de la soledad. Son partidarios de pensar muy bien las cosas, antes de pasar a la acción, y en muchas ocasiones se centran demasiado en las ideas y en los procesos mentales, en lugar de actuar. Debido a esto, muchos introvertidos prefieren la "idea de algo" por encima de "su realidad" en sí misma.

Echemos un vistazo a las 8 personalidades introvertidas del MBTI.

• ISTJ

Introversión / Emoción / Pensamiento / Juicio

Los indivíduos ISTJ son formales, fuertes, pacíficos y tranquilos. Son amantes de la vida serena. Si usted se incluye en esta categoría, probablemente sea dependiente, responsable, y minucioso. Los ISTJ son altamente prácticos y lógicos. Se enfocan en sus metas y trabajan duro para conseguirlas. Algunas veces, pueden ser bastante tradicionales; prefieren el orden al caos y por ello mantienen su entorno tan ordenado como pueden.

• ISFJ

Introversión / Emoción / Sensación / Juicio

Son individuos amables, tranquilos y concienzudos, además de presentar una gran responsabilidad. Se caracterizan por comprometerse y perseguir sus objetivos. Habitualmente anteponen las necesidades de otras personas a las suyas propias. Son prácticos y les gusta la estabilidad. También presentan una actitud empática y entran fácilmente en sintonía con las emociones de otras personas, a las que no dudan en ayudar.

- **INFJ**

Introversión / Intuición / Sensación / Juicio

Los INFJ son sensibles, enérgicos, y originales, pero de una forma discreta y reservada. Les encanta encontrar el significado de las conexiones entre ideas, gente y posesiones. Son sumamente curiosos, y se emplean a fondo para entender los razonamientos de otros. También se muestran firmes ante sus decisiones y valores. Poseen una gran nitidez de ideas y pensamientos. Saben cómo conseguir el bien común y son muy organizados, cualidad que les permite implementar sus nítidas ideas adecuadamente.

- **INTJ**

Introversión / Intuición / Pensamiento / Juicio

Los individuos que se incluyen en esta categoría se consideran analíticos, independientes, decididos, y originales. Son muy capaces de convertir las ideas en realidad. Asimismo, son capaces de analizar a fondo distintas situaciones y circunstancias, y encontrar patrones en estos. Los INTJ tienen grandes expectativas y suelen juzgarse a sí mismos de una forma tan crítica como juzgan a los demás. Poseen, a su vez, excelentes cualidades de liderazgo, aunque son perfectamente capaces de trabajar bajo el mando de otros.

- **ISTP**

Introversión / Emoción / Pensamiento / Percepción

Este grupo es, por lo general, reservado y tranquilo. Tienden a ser muy observadores, pues les gusta comprender el funcionamiento de las cosas que les rodean. Tienen grandes habilidades motrices, y por ello muchos muestran interés en los deportes extremos y los practican con gran maestría. Son individuos tolerantes y flexibles; en lugar de sacar conclusiones inmediatamente, analizan y reflexionan las cosas desde la distancia hasta que se forman una idea completa. Algunas personas encuentran a estas personas distantes y excesivamente prácticas, pero su practicidad les ayuda a encontrar fácilmente soluciones a problemas complejos.

• **ISFP**

Introversión / Emoción / Sensación / Percepción

Ser ISFP es equivalente a ser amable, tranquilo, sensible, y formal. Sienten un enorme desagrado por los conflictos y rara vez se involucran en cualquier cosa que pueda desembocar en desacuerdos. Son fieles, leales, abiertos y extremadamente flexibles. Son también, generalmente, creativos y originales. Les gusta tomarse su tiempo a la hora de trabajar en algo, y aprecian disfrutar del presente.

• **INFP**

Introversión / Intuición / Sensación / Percepción

Las personas de este grupo son enormemente fieles a sus propios valores, y se mantienen leales a las personas que admiran. Son tranquilos, reflexivos, y se les considera perfeccionistas. Tienen un sistema personal de valores muy desarrollado, y rara vez lo contradicen. Su carácter es además adaptable y relajado, aunque su naturaleza relajada desaparece de un plumazo tan pronto como sienten sus valores amenazados.

• **INTP**

Introversión / Intuición / Pensamiento / Percepción

Los INTP son considerados creativos, originales, y lógicos. Se emocionan teorizando e ideando nuevas cosas, y prefieren el conocimiento, la lógica y la competencia por encima de otros aspectos. Son reservados y les gusta permanecer tranquilos, lo que conduce a otras personas a considerarlos misteriosos. Su naturaleza de lobos solitarios hace que no disfruten liderando ni siguiendo a otros.

Habiendo visto que los introvertidos presentes en la sociedad son un grupo de los más heterogéneo, queda claro que es un gran error generalizar y reducirlos a un solo grupo. Dicho esto, muchas personas tienden a identificarse con múltiples tipos MBTI. Cada uno de los tipos, tiene sus propias fortalezas y debilidades, y ninguno de ellos es más fuerte (o más débil) que los demás.

Capítulo Cuatro: ¿Qué Siente un Introvertido?

Si está leyendo este libro, ya sea usted introvertido o extrovertido, probablemente está tratando de comprender las complejidades de la introversión. De cualquier manera, es importante comprender cómo se sienten los introvertidos habitualmente, aunque esto no es siempre fácil, incluso a ellos mismos les resulta difícil comprender sus sentimientos con frecuencia. Lidiar con las dificultades de la vida como introvertido puede ser bastante estresante.

No todo el mundo entiende lo que se siente al ser una persona introvertida. Afortunadamente, el mundo está cambiando rápidamente y la gente se ha vuelto más tolerante en las últimas décadas, pero los introvertidos todavía forman una minoría. Según algunos investigadores, solo el 30% de la población total es introvertida. De hecho, hay muchos conceptos erróneos sobre los introvertidos, incluidos muchos estereotipos y mitos que a menudo son tan descabellados, que no guardan ninguna relación con la realidad.

Por ejemplo, muchas personas creen equivocadamente que los introvertidos son solitarios y tímidos. Sienten que los introvertidos generalmente le tienen miedo a otras personas. Esto, por supuesto, es falso. Ser introvertido es como ser extrovertido, las experiencias son similares, pero se procesan de manera diferente.

Como hemos aclarado, ser introvertido no es diferente en muchos sentidos a ser extrovertido o ambivertido. Muchos introvertidos comparten los mismos pasatiempos y actividades que disfrutan los extrovertidos o ambivertidos, incluyendo fiestas y hablar con amigos, aunque existen algunas diferencias a nivel emocional entre los dos grupos. Una de las mayores diferencias entre introvertidos y extrovertidos es la percepción que tienen de la soledad.

Todos los individuos necesitan "energía social" para interactuar con los demás. Los extrovertidos son como centrales eléctricas de esa energía social porque la reciben al socializar. Pero los introvertidos no pueden hacer esto. Su energía solo se recarga cuando están solos. Por eso, ser introvertido a menudo puede resultar agotador.

Al Introvertido le Gusta estar Solo

Les encanta estar solos. Para los introvertidos, la soledad no es sinónimo de vacío, aburrimiento o sentirse solos. Por el contrario, se sienten extremadamente cómodos cuando están solos, y aprovechan estos momentos para pensar tranquilamente y reflexionar sobre las cosas. Disfrutan de las actividades en solitario como el origami, el arte, el dibujo, la lectura, etc. Los introvertidos no consideran la soledad como "tiempo de relleno", sino que para ellos la soledad es el mejor momento del día.

Desafortunadamente para un introvertido, encontrar tiempo para sí mismo en el mundo de hoy puede ser bastante difícil. Ya sabemos que encontrar momentos de tranquilidad y soledad sin interrupciones hoy en día es complicado. Si los introvertidos no tienen su "tiempo para mí", pueden volverse irritables y frustrados. Necesitan su tiempo para meditar, como los monjes, de lo contrario encuentran el mundo demasiado desbordante.

Sin embargo, aunque los introvertidos disfrutan de su soledad y les gusta pasar tiempo con ellos mismos, esto no significa que no disfruten de la compañía de otras personas. Muchos introvertidos recargan su energía social estando solos y luego usan esta energía para interactuar socialmente. Los introvertidos son, ante todo, seres humanos y los seres humanos son animales sociales. No pueden vivir sin la compañía de otros, por tanto. necesitan interactuar con otros después de su tiempo de recarga. Pero la duración de este tiempo difiere de un individuo a otro.

Introvertidos y Socialización

Los extrovertidos encuentran el "tiempo a solas" frustrante y aburrido. Algunos incluso se ponen extremadamente inquietos cuando están solos durante mucho tiempo. En oposición a esto, se sienten felices cuando están con personas y por eso intentan estar en compañía de otros tanto como les sea posible.

Para los introvertidos, socializar significa algo totalmente diferente. O no lo disfrutan tanto como los extrovertidos, o lo disfrutan, pero lo encuentran absolutamente agotador.

Ciertas actividades, lugares y situaciones son más agotadores que otros. Por ejemplo, los introvertidos encuentran más extenuante socializar entre grandes multitudes que entre pequeñas, encuentran más perturbadores los lugares ruidosos que los tranquilos, y asimismo les resulta más difícil hablar con extraños que hablar con personas que conocen.

Todas las actividades sociales desgastan a los introvertidos. Puede que lo disfruten a fondo, pero se cansarán bastante en comparación con los extrovertidos en la misma situación. No obstante, esto no significa que haya algo en ellos que no funcione bien. Es simplemente su personalidad. Si es un introvertido, sea fiel a sí mismo, y disfrute de su introversión y tiempo a solas.

Los Efectos de la Dopamina

El carácter introvertido se hereda genéticamente. Hay una diferencia significativa entre el cerebro de un introvertido y el de un extrovertido pues sus cerebros procesan la dopamina de distinta manera. La dopamina es la "recompensa" química del cerebro; es un neurotransmisor que trae la sensación de éxtasis.

Cómo Afecta la Dopamina a los Extrovertidos

Los cerebros de los extrovertidos son menos sensibles a la dopamina. Esto significa que necesitan mucha estimulación externa para sentirse felices y enérgicos. Por lo tanto, tienden a disfrutar hablando, charlando, riendo, sonriendo, bailando y pasando tiempo con la gente. Les gusta mantenerse activos y ocupados.

Los cerebros de los introvertidos son mucho más sensibles a la dopamina en comparación con los extrovertidos. Se sienten satisfechos y recompensados rápidamente. No necesitan muchos estímulos. Por ello, disfrutan de sentarse en soledad, reflexionar y pasar tiempo en silencio con sus libros. Un ambiente excesivamente ruidoso, como una gran multitud, sobre estimulará el cerebro de los introvertidos, lo que hará que se cansen rápidamente.

Los entornos ruidosos son experiencias agotadoras tanto para introvertidos como para extrovertidos, pero a los introvertidos les resulta mucho más extenuante que a los últimos. Los extrovertidos continúan disfrutando de ambientes ruidosos porque les proporciona dopamina. Por lo tanto, continúan bailando, charlando o hablando con la gente.

Capítulo Cinco: Los Introvertidos y el Tiempo a Solas

¿Por qué a los Introvertidos les Encanta estar Solos?

Si usted es introvertido, probablemente le encantará estar solo a veces. Es muy posible que prefiera sentarse solo, leer y pensar, a estar de fiesta todo el día. Seguro que prefiere disfrutar de una conversación profunda que le haga pensar antes que de una charla superficial. También prefiere pasar tiempo solo a socializar demasiado. Un *meme* sobre los introvertidos, que se ha vuelto muy popular, dice que no hay nada mejor en el mundo (para los introvertidos) que cuando sus amigos cancelan sus planes.

A los introvertidos les gusta, y de hecho necesitan tiempo a solas porque si no lo consiguen, se agotan mentalmente. Tal y como hemos comentado, recuperan su energía a través de la soledad. Si no pasan un tiempo a solas, tienden a agotarse mental y emocionalmente. Se frustran, y cada pequeño problema y molestia se vuelven gigantescos para ellos. Dejan de funcionar correctamente, su mente sufre e incluso cualquier leve molestia puede hacer que se enojen inmensamente o se pongan tristes. Si la situación continúa, es posible que se agoten físicamente o incluso se enfermen.

Todo lo arriba citado son situaciones que ocurren cotidianamente en la vida de los introvertidos en todo el mundo, y suceden no porque los introvertidos sean intrínsecamente irascibles y malvados. Hay muchas razones científicas detrás de cómo actúan y se comportan las personas. La dopamina juega un papel esencial en las decisiones que tomamos y cómo nos desenvolvemos en nuestro día a día.

Introvertidos, Extrovertidos, y Recompensas

Las personas hacemos cosas para que el cerebro pueda obtener suficiente dopamina o, mejor aún, pueda obtener grandes cantidades de dopamina. Como comentamos anteriormente, los extrovertidos necesitan mucha dopamina para sentir satisfacción y felicidad, mientras que los cerebros de los introvertidos se sacian con pequeñas cantidades de la misma. Por eso, muchas veces, las recompensas que pueden motivar y emocionar a los extrovertidos, pueden cansarlos.

• Los Introvertidos no Necesitan Tanta Estimulación

Todo esto se puede reducir al simple hecho de que los introvertidos no requieren mucha estimulación para sentirse recompensados. El nivel de estimulación que disfrutan los extrovertidos suele ser demasiado para los introvertidos. Por ejemplo, a los extrovertidos les encantan las fiestas porque implican mucha estimulación, como mucha gente hablando, el caos, la música fuerte, las luces, la multitud, el alcohol, etc. Para ellos, esto es el paraíso, pero para los introvertidos no es ninguna maravilla. Esto se debe a que los cerebros de los introvertidos se sobreestimulan y les resulta difícil concentrarse en lugares así. Si usted es un introvertido y se encuentra a sí mismo atrapado en una fiesta como esta, es mejor escapar, volver a casa y disfrutar de una cena sencilla mientras ve la televisión. Le ayudará a reducir la sobre estimulación y le hará sentir tranquilo y feliz de nuevo.

• **La Diferencia Marcada por la Dopamina**

En el capítulo anterior vimos cómo a los introvertidos no les importan las recompensas sociales tanto como a los extrovertidos. Esto se debe a su tolerancia a un neurotransmisor llamado dopamina. La dopamina está presente en nuestro cerebro y, a menudo, se la conoce como la "sustancia química de la recompensa" o del "bienestar", ya que es responsable de los centros de recompensa y placer del cerebro.

Mucha gente cree que socializar es agotador para los introvertidos únicamente, pero esto no es cierto. Los extrovertidos también se sienten exhaustos después de mucha socialización. La dopamina puede ayudar a reducir este estrés; lo que hace diferentes a los introvertidos y extrovertidos es que la dopamina ayuda mucho a los extrovertidos mientras socializan porque les da un impulso de energía. Los extrovertidos nacen con un sistema de dopamina activo. Los introvertidos, sin embargo, no cuentan con un sistema fuerte de dopamina y se sienten cansados mental y físicamente después de socializar.

Los Extrovertidos y la Gente

Otro motivo por el cual los extrovertidos prefieren rodearse de gente más que los introvertidos, es porque les dan mucha importancia a las personas. Según un estudio reciente, los individuos de carácter extrovertido se sienten muy estimulados cuando ven y conocen gente nueva. Los introvertidos, por otro lado, prestan más atención a los objetos inanimados.

Capítulo Seis: El Mito de la Zona de Confort

Se suele decir que, si una persona quiere triunfar en la vida, necesita aventurarse fuera de su zona de confort. Aunque la mayoría de las veces, únicamente los introvertidos reciben este consejo. Y el mensaje que realmente esconde dicho consejo es "Trata de ser más extrovertido si quieres tener éxito". Por ello, aunque "zona de confort" suena significativo e importante, es un término lastrado y problemático a menudo.

Debido a la prevalencia de esta afirmación, muchos introvertidos intentan "salir de su caparazón". Se esfuerzan por salir de su "zona de confort", y esto no solo es una tarea difícil (quizás imposible), sino que también es una experiencia traumática y dolorosa. Casi nadie tiene éxito al hacer esto porque un introvertido no puede convertirse en extrovertido, ni viceversa. Lo único que puede hacer un introvertido es convertirse en un falso extrovertido, pero es una decisión insostenible que pasa factura.

Si usted, siendo introvertido, intenta salir de su "zona de confort", empezará a copiar a los extrovertidos que le rodean. Cada persona y cada tipo de personalidad nace con ciertos talentos. Por ejemplo, los introvertidos nacen con buenas habilidades de escucha y observación, piensan y analizan cosas antes de tomar decisiones. El problema es que cuando un introvertido intenta salir de su "zona de confort", comienza a renunciar a estas habilidades y las reemplaza por características pseudo extrovertidas. Pero adoptar los talentos de otro tipo de personalidad no es sencillo. No puede simplemente asumir esas habilidades y esperar lo mejor; incluso puede perder sus propios talentos al intentar obtener estos nuevos. En última instancia, es mucho mejor aprovechar sus puntos fuertes en lugar de intentar cambiar su personalidad.

¿Qué es una Zona de Confort?

Como ya se ha mencionado, la zona de confort es un término cargado con muchos significados y definiciones. En palabras simples, la zona de confort incluye situaciones, personas, conjuntos de habilidades y lugares en los que alguien se siente cómodo, competente y seguro. Básicamente, incluye todas las circunstancias que le resultan agradables. El borde de la zona de confort es un lugar confuso, es como tener un pie en la "zona incómoda" y un pie en la "zona cómoda". Por lo general, encontramos esta zona más compleja y desafiante que la zona de confort. Aunque en ella es posible manejar situaciones sin demasiada ansiedad y otros problemas similares, es mucho más difícil que hacerlo en la zona de confort. Todo lo que esté más allá de este límite se considera "fuera de su zona de confort".

Pero esta es una comprensión parcial del concepto porque las situaciones que requieren mucha conversación, acciones e interacciones sólidas son la zona de confort de los extrovertidos. Como se explicó en el capítulo anterior, los cerebros de los extrovertidos y los introvertidos manejan la dopamina de manera diferente. Los extrovertidos se sienten cómodos y felices cuando les rodean cosas emocionantes. Están conectados así. Les gusta saltar a la acción de inmediato. No se cansan de conocer gente nueva y disfrutan del ajetreo y el bullicio del mundo. Es por eso que los extrovertidos se sienten cómodos cuando acuden a grandes reuniones, fiestas y convenciones. Como la mayoría de personas en este mundo son extrovertidas, las convenciones sociales están diseñadas para adaptarse a ellas. Por lo tanto, los introvertidos se ven obligados a salir de su zona de confort y entrar en las zonas de confort de los extrovertidos. Esta es una situación discriminatoria porque los introvertidos nunca lograrán abordar estos entornos, siempre serán los forasteros en las zonas de confort de otros.

Zona Complaciente

Cuando se les dice a los introvertidos (y también a los extrovertidos) que salgan de su zona de confort, en realidad nos referimos a la zona de complacencia. Esta zona es diferente de la archiconocida "zona de confort", y sería beneficioso que todos comenzáramos a utilizar esta terminología, en lugar de hablar "zona de confort", ya que este último término tiene en la actualidad muchas connotaciones negativas.

Todos debemos salir de la zona de complacencia si queremos tener éxito. Esta es la zona en la que tendemos a buscar refugio, lejos de los problemas del mundo. La zona de complacencia nos permite mantener un falso status quo, ayudándonos a sentirnos seguros, pero esta seguridad obstaculiza el progreso. No podemos crecer si no nos arriesgamos y permanecemos escondidos en nuestro lugar seguro la mayor parte del tiempo. Mantenernos en esta zona solo nos proporciona una falsa sensación de seguridad y protección que en último término conduce al fracaso y al estancamiento. No tomar riesgos nos conduce a quedar atrapados en un lugar o una posición, sin posibilidad de desarrollarnos.

Cuando una persona se encuentra en la zona de complacencia, intentará aludir a una variedad de razones y excusas para justificar su presencia ahí. Si usted desea tener éxito, debe comenzar a escuchar su voz interior y dejar de inventar excusas para no abandonar la zona de complacencia porque puede que sea el momento de hacer algunos cambios.

Trabajar desde la Zona de Confort

Casi todos los extrovertidos trabajan desde su zona de confort, mientras que los introvertidos a menudo se ven obligados a salir de la suya. Sacar a un cangrejo de su caparazón, lo mata; sacar a un introvertido de su zona de confort obstaculiza significativamente sus habilidades. Una vez que el introvertido comprenda que puede rendir al máximo mientras se encuentra en su zona de confort, no querrá salir de ella. Esto es excelente porque dicha zona le permite ser libre, emocional, creativo y entusiasta.

Pero recuerde, no confunda su zona de confort con su zona de complacencia. Necesita salir de su zona de complacencia, pero permanecer en su zona de confort. Esto le ayudará a avanzar en su vida personal y profesional.

Capítulo Siete: Los Introvertidos y la Salud Mental

Problemas Psíquicos que Pueden Enfrentar los Introvertidos y los Extrovertidos

La salud mental es un tema complejo. Ya se trate de un introvertido o extrovertido, estos problemas pueden afectar a cualquiera. Ambos tipos de personalidad deben prestar mucha atención a su salud mental.

Como se dijo en el capítulo anterior, los introvertidos a menudo se consideran tímidos porque les gusta la soledad y pasar tiempo con ellos mismos, y este aislamiento excesivo puede conducir al desarrollo de muchos problemas. La reclusión excesiva es un signo de depresión y muchos otros trastornos.

A los extrovertidos, por contra, les gusta pasar mucho tiempo rodeados de personas generalmente, pero una sobredosis de esto puede convertir a un individuo en una persona excesivamente pegajosa. Ambos tipos de personalidad enfrentan sus propios problemas.

Los introvertidos, especialmente, deben prestar atención, ya que a menudo pueden aislarse demasiado. Hay una gran diferencia entre la soledad y volverse solitario. Si se aísla constantemente de otras personas, puede provocar el desarrollo de diversas enfermedades y trastornos mentales como la ansiedad social y la depresión. De hecho, el aislamiento excesivo es un potente síntoma de depresión. Si siente que le gusta demasiado el aislamiento, debe reflexionar si su necesidad es el resultado de una falta de energía o tiene alguna otra causa subyacente grave. Otros trastornos mentales graves que pueden conducir a (y surgir de) un aislamiento excesivo incluyen adicciones, problemas de personalidad y trastornos alimenticios. Una persona introvertida debe tener en todo momento un sólido sistema de apoyo compuesto por personas en las que pueda confiar. Si usted es un introvertido al que le gusta mucho la soledad, hable con sus amigos e intente formar un grupo que pueda hacerle un seguimiento. Si no tiene amigos cercanos con los que pueda compartir sus emociones y pensamientos vulnerables, plantéese encontrar algunos.

También es primordial establecer si usted es realmente introvertido o no. A veces, las personas confunden la introversión con trastornos sociales y relacionados con la ansiedad.

Una evaluación personal es fundamental para evitar problemas en este ámbito. Si cree que su malestar es el resultado de la ansiedad social, es recomendable que contacte con un terapeuta o un profesional de la salud mental lo antes posible.

Si bien el aislamiento es el principal problema relacionado con la introversión, pueden aparecer muchos otros. Como norma general, los introvertidos son más susceptibles a la depresión que los extrovertidos. Los estudios neurológicos han demostrado que la actividad cerebral de los primeros es más fuerte e intensa que la de los extrovertidos, y es por eso que los introvertidos no necesitan tantos estímulos. Tener un cerebro activo es algo genial porque permite a los introvertidos ser creativos, reflexivos e innovadores, pero un cerebro hiperactivo puede provocar otros problemas. Por ejemplo, si tiene un cerebro hiperactivo, tenderá a pensar demasiado, dejándole abrumado. También es malo para las personas que tienden a emocionarse demasiado. Pensar demasiado es especialmente malo si se obsesiona con ideas y pensamientos negativos. Este problema se agrava aún más cuando la persona está sola y elige vivir aislada. El aislamiento reprime las emociones de dolor y desesperación, y esta represión da como resultado el desarrollo de sentimientos tales como desesperanza, vergüenza, culpa, impotencia e inutilidad. Sentimientos que actúan como una puerta de entrada a problemas de salud mental más graves.

En última instancia, no hay nada de malo en ser extrovertido o introvertido. Ambos tienen sus características particulares, y ambos tienen sus pros y sus contras. Para muestra, ambos tipos de personalidad comparten los mismos problemas de salud mental, los cuales nunca deben tomarse como un signo de debilidad. Los trastornos mentales son como cualquier otra enfermedad, solo es necesario prestar atención a los síntomas. Si cree que tiene síntomas de algún trastorno de salud mental, se recomienda que se comunique con un profesional de la salud lo antes posible.

¿Por qué los Introvertidos Deberían Tener un Plan de Salud Mental?

A los introvertidos les encanta la tranquilidad. Siempre que se encuentran en soledad tienden a ser más productivos y confiables. De hecho, tienden a tener ideas brillantes cuando se quedan solos. Pueden lograr muchas cosas si se les permite tener su tiempo, silencio y espacio, aunque la soledad también puede ser una maldición. Si los introvertidos pasan mucho tiempo en soledad, sus mentes pueden tomar el control y comenzar a experimentar pensamientos negativos, lo que puede conducir al desarrollo de varios problemas psicológicos. Muchas veces, se sienten agobiados porque no pueden dominar estos problemas y sus ideas negativas.

En adición, la creatividad típica de los introvertidos intensifica el problema.

Este fenómeno, que presentan gran cantidad de introvertidos en todo el mundo, puede incluso conducir al desarrollo de una crisis mental bastante difícil de manejar. Teniendo esto en cuenta, existen ciertas precauciones que un introvertido debería tomar. Si usted, como introvertido, no tiene un plan de salud mental, podría terminar en una sala psiquiátrica. A continuación, vamos a ver por qué es tan importante tener un plan adecuado.

• **Los Introvertidos y la Importancia de un Plan de Salud Mental**

La importancia de que los introvertidos cuenten con un plan de emergencia de salud mental radica en el riesgo que estos presentan de enfrentar, en un momento dado, una crisis de salud mental. En 2010, dos investigadores, Laurie Helgoe y Nancy Ancowitz, publicaron un artículo que sugería que la Asociación Americana de Psicología debería incluir la introversión como un factor significativo en el diagnóstico de los trastornos de la personalidad. Los introvertidos pasan mucho tiempo pensando; si los pensamientos son positivos, no tiene la menor importancia, pero si su mente está llena de pensamientos negativos, puede sobrepasarlos. Pueden volverse antisociales, y hasta pueden convertirse en personas agorafóbicas, en los casos más extremos. Estos problemas, y muchos otros problemas relacionados, pueden conducir al desarrollo de crisis psíquicas. Por este motivo, deben estar al tanto de los signos y síntomas de los trastornos mentales más comunes por su propio bien. Además de conocer estos síntomas, también es recomendable que dispongan de un plan de acción que pueda ayudar a abordar las emergencias de salud mental, llegado el caso.

• Los Servicios Psiquiátricos de Urgencia de EE. UU. y el Ruido

Los servicios psiquiátricos disponibles en los Estados Unidos no están adaptados a las necesidades de los introvertidos, ya que estos servicios rara vez son privados o tranquilos. Ya hemos hablado de que los introvertidos requieren dosis de paz y aislamiento todos los días y por ende, un lugar ruidoso y excesivamente público como ese puede agravar sus síntomas. En lugar de ayudar, estos servicios a menudo pueden empeorar los problemas.

Debido a eso, tristemente, muchas personas se niegan a recibir ayuda para sus problemas, ya que les preocupa el entorno en el que tendrán que desenvolverse. Por suerte, existen varias alternativas que pueden ayudar a los introvertidos a recibir el tratamiento necesario, sin tener que pasar por ningún trance. Por ejemplo, si el problema no es demasiado grave, puede abandonar el lugar después de pasar la noche. Si configura estas cosas antes de que surja el problema, tendrá todo planeado y no quedará a merced del personal de urgencias. Algunos nuevos servicios psiquiátricos tienen en cuenta las necesidades y los requisitos de las personas con este carácter, y tratan de proporcionarles un ambiente agradable y cómodo. Intente localizar un servicio como este, y si no puede encontrar uno, utilice la opción "pernoctar".

• Los Introvertidos y su Reducido Círculo Social

Una de las mayores diferencias entre introvertidos y extrovertidos es su círculo social. Los extrovertidos tienden a tener un gran círculo social. De modo que, si alguna vez surge una emergencia o un problema serio, cuentan con muchos amigos que pueden ayudarlos, y sus amigos llamarán, a su vez, a otras personas para que los ayuden.

Esto no es factible en el caso de los introvertidos. Estos últimos, generalmente, tienen un círculo social reducido. No tienen muchos amigos, aunque, si bien la cantidad de relaciones es pequeña, la calidad es excepcionalmente buena. Esto se debe a que los introvertidos tienden a pasar mucho tiempo con las mismas personas, lo que resulta en el desarrollo de relaciones, apegos y conexiones más fuertes. Por eso, es tan necesario que sus amigos sean conscientes de sus problemas. Debe elegir cuidadosamente sus contactos para, en caso de necesitarlos, tener la seguridad de que acudirán en su ayuda. Si se encuentra en una situación de emergencia de salud mental, se sentirá confundido y no sabrá muy bien qué hacer. Por lo tanto, se recomienda que informe a sus amigos de su problema de antemano para que, si surge una emergencia, tengan el control de la situación.

• Los Introvertidos y su Tendencia a Ignorar Problemas de Salud

Es *vox populi* que los introvertidos son individuos reservados, a los que no les gusta hablar mucho de sí mismos. Les encanta que los dejen a su suerte, razón por la cual muchos de ellos evitan ir al médico con regularidad. Esto se debe, fundamentalmente, a que los médicos suelen hacer muchas preguntas a los pacientes, y a los introvertidos no les gusta especialmente responder preguntas sobre su vida personal, sobre todo si ven motivo para ello. Pero así es como trabajan los médicos. Es por esto que debe someterse a un chequeo mental y físico regularmente, para evitar enfermedades y trastornos inesperados. Un chequeo de salud mental cada cierto tiempo le ayudará a evitar un ataque de ansiedad repentino o al menos lo mantendrá preparado para uno.

• Prevenir los Ataques

Si usted es introvertido, ya estará al tanto de que es natural sentirse abrumado de vez en cuando. Al igual, puede sentir a veces que sus emociones lo están frenando. Pero esto no significa que no pueda vivir una vida sana y plena. Los introvertidos a menudo se sienten perdidos, especialmente en casos como ataques de ansiedad y ataques de pánico. Si bien no es el caso de todos los introvertidos, todos deberían contar con un plan para mantener las cosas bajo control. El fin de elaborar este plan es ayudar a prevenir un ataque de pánico o ansiedad en toda regla. Recuerde que el conocimiento es poder.

Si siente que puede ser víctima de un problema de salud mental en el futuro, debe estar alerta en todo momento. Cuidarse a sí mismo y cuidar de su salud mental es clave para sentirse bien. Echemos un vistazo a algunos consejos que pueden ayudarlo a mantener su mente sana y ágil.

Ayuda Profesional

Es algo habitual y cotidiano visitar un dentista o un médico de cabecera para chequeos regulares; de igual modo, debe adquirir el hábito de visitar a un profesional de la salud mental para que lo revisen de vez en cuando. Es cierto que esto es un asunto costoso, pero si el dinero no es un problema para usted, no dude en encontrar un psiquiatra o psicólogo decente que pueda ayudarlo inmensamente.

Si, en caso contrario, el dinero es un problema, compruebe si su seguro cubre a los profesionales de la salud mental. Esto le permitirá obtener ayuda de forma económica.

En el caso de no cubrir su seguro la salud mental, intente buscar otras opciones, como asistencia pública.

Si alguna vez se siente inclinado a hacerse daño, llame al 911 en los EE. UU. (999 en el Reino Unido) lo antes posible. Recuerde, su vida es más importante que el dinero.

Aprenda a Conocerse a Sí Mismo

A los introvertidos les encanta la reclusión y pasan mucho tiempo solos. Por eso, cuando algo en ellos anda mal, las personas que los rodean rara vez lo notan. Si usted tiende a pasar mucho tiempo solo, necesita conocerse a sí mismo. Esto significa que debe poder entenderse y comprender sus patrones generales de comportamiento. Si alguna vez comienza a actuar de manera diferente, notará el cambio rápidamente.

Casos Urgentes y no Urgentes

Debe tener un plan adecuado en relación a casos urgentes y no urgentes. Es importante que sepa dónde ir o con quién reunirse si surgen situaciones complicadas. Por ejemplo, si tiene una emergencia de salud mental, es posible que le resulte difícil pensar con claridad, así que decida de antemano con qué amigo o amigos deberá comunicarse lo antes posible en tales casos. Hacer frente a un escenario desafortunado puede ser más fácil si tiene un buen plan preparado.

Elaborar un plan de salud mental requiere mucho tiempo y esfuerzo, pero al final, vale la pena. En lugar de perder mucho tiempo y dinero más tarde, es mejor esforzarse ahora.

Atención

Las sugerencias que se dan en este capítulo son de precaución. No debe tomarlas como recomendaciones médicas en ningún caso. Siempre debe hablar con un profesional de la salud antes de cambiar drásticamente su rutina. Y no se automedique.

Capítulo Ocho: 15 Formas de Incrementar la Felicidad

Si se siente mal debido a su carácter introvertido, no se preocupe, no está solo. Muchos introvertidos desearían poder parecerse más a sus compañeros extrovertidos. Estos tienen la suerte de no sentirse mental y físicamente agotados después de reunirse o socializar con otros.

Pero, como ya sabe, la introversión es perfectamente natural; no hay nada de malo en ser introvertido. El único problema que puede enfrentar con frecuencia es cómo ser feliz en un mundo diseñado para extrovertidos, pero no desespere porque este capítulo contiene excelentes sugerencias que pueden ayudarlo a mantener una actitud alegre.

El Tiempo para Sí Mismo es Fundamental

Los introvertidos necesitan mucho tiempo para recuperarse después de asistir a eventos y fiestas con mucha gente, así como para recuperarse después de hacer cosas ordinarias como ir de compras a un lugar concurrido, mantener una discusión acalorada o tener un día estresante en el trabajo. Después de tales situaciones, un introvertido requiere tiempo para pensar y recuperarse. Este tiempo de relajación es necesario, ya que les permite calmarse y relajarse. Si una persona introvertida no tiene su "tiempo para mí", se siente cansada, sufre malestar y su cerebro no rinde bien.

Conversaciones Interesantes

A los introvertidos les traen sin cuidado las conversaciones sin trasfondo y se sienten incómodos cuando alguien intenta charlar con ellos. Muchos aprenden el arte de la conversación trivial, no obstante, lo practican con una leve incomodidad. A la mayoría no les gusta hablar, pero si usted es uno de los que sí, trate de encontrar compañeros con los que pueda tener conversaciones significativas. Las conversaciones llenas de contenido interesante para usted lo mantendrán feliz y satisfecho.

Ahondando en esta idea, tener conversaciones significativas no es sinónimo de hacerse preguntas de introspección todo el tiempo. A veces puede tener ganas de hablar de cosas al azar, como lo que hizo su pareja durante el fin de semana. Pero no les dé demasiada importancia a las conversaciones triviales, céntrese en que necesita una conversación profunda de vez en cuando para mantenerse a flote.

El Silencio en Compañía

Aunque este punto no sea tan importante como los anteriores, es necesario tenerlo en cuenta. Como introvertido, necesita un poco de tiempo para usted de vez en cuando, pero si se siente cómodo con una persona, puede disfrutar sentado junto a ella sin decir nada. A los introvertidos no les importa si hay muchas pausas en una conversación, el silencio es oro para ellos.

Aficiones e Intereses

El introvertido, por lo general, tiene varios *hobbies*. Muchos de ellos tienen gran interés por la jardinería, la lectura, la cocina, la pintura, la escritura, la mitología, etc. Habitualmente les gusta profundizar en aquello por lo que muestran interés, y estas aficiones son una forma ideal de recargar su energía.

Un Lugar Tranquilo

Les agrada tener un espacio de paz dedicado a sí mismos, como una especie de santuario. No solo les agrada, sino que necesitan este espacio para alejarse del bullicio cotidiano. Si usted tiene la suerte de contar con un espacio así en su hogar, decórelo a su antojo. En este lugar usted debe sentirse cómodo y contento. Cerciórese también de no sufrir demasiadas interrupciones cuando se encuentre en él.

Tiempo para Pensar

Los introvertidos necesitan tiempo para pensar. Según el Dr. Laney, usan su memoria a largo plazo más que su memoria de trabajo. Esto es lo opuesto a los extrovertidos. A muchos introvertidos les resulta difícil expresarse porque necesitan algo de tiempo para pensar en lo que van a decir, antes de expresarlo. Si no se les permite pensar en las cosas antes de hablar, pueden sentirse incómodos.

Amigos Comprensivos

A las personas introvertidas no les disgusta socializar, pero necesitan hacerlo a su ritmo. Adoran a sus amistades, sobre todo a aquellos amigos con los que pueden ser ellos mismos.

Trabajo

En lugar de trabajar solo por dinero, los introvertidos siempre preferirán un trabajo que puedan disfrutar. Un introvertido rara vez se contenta con algo que no le satisfaga intelectualmente. Anhelan trabajar, y dar un propósito a sus vidas. Por lo general, no quieren un trabajo que, aunque esté bien pagado, no les proporcione esa realización personal.

Permiso para Permanecer en Silencio

Los introvertidos prefieren permanecer en silencio en lugar de hablar. Seguramente se haya encontrado en esta situación alguna vez; no quiere interactuar con alguien porque simplemente no tiene la energía para hacerlo. Pero la gente rara vez deja que los introvertidos sean ellos mismos. Si usted tiene amigos comprensivos, aceptarán que necesita guardar silencio de vez en cuando.

Independencia

A los introvertidos les gusta ser independientes y únicos. Prefieren hacer las cosas en sus propios términos, y se sienten más felices y satisfechos cuando se les permite trabajar a su ritmo. Tienen un gran sentido de la independencia y la autosuficiencia.

La Vida Sencilla

Una persona introvertida tiende a llevar una vida sencilla. Les gustan las situaciones en las que pueden cuidar de los demás porque necesitan otorgar un sentido y un propósito a su existencia.

Amigos y Seres Queridos

Todos necesitamos personas que nos entiendan y nos acepten a pesar de nuestras debilidades y peculiaridades. A los introvertidos no les gusta ser el centro de atención, por eso no se sienten cómodos en grupos grandes. Muchas veces, desaparecen entre las grandes multitudes porque les gusta esconderse en un rincón. Ellos no anhelan más que tener algunos buenos amigos que los comprendan y se preocupen por ellos. Los introvertidos saben que a veces puede ser difícil "asimilarlos", pero si sus amigos entienden esto y aun así les brindan su amistad incondicional, les harán las personas más felices del mundo.

Sea Consciente de Todo su Ser

Vale la pena repetir que nadie es totalmente introvertido o extrovertido. La personalidad es de amplio espectro y todo el mundo tiene algunas características tanto de introversión como de extroversión. Las personas que son totalmente (o en gran medida) introvertidas o extrovertidas son una minoría. La mayoría se ubica en algún lugar hacia el medio de este espectro. Dicha afirmación se traduce en que a las personas les gusta socializar a veces y, otras veces, tienden a evitar las multitudes y prefieren estar a solas.

Cuando alguien se encuentra muy cerca del medio de este espectro, se le conoce como ambivertido.

Todos nacemos con la capacidad de "recargarnos" a nosotros mismos a través de reuniones sociales e interacciones; asimismo todo el mundo tiene cierta tendencia a recargar su energía a través de la soledad y la serenidad. Por tanto, es necesario ser lo más honesto posible con nosotros mismos. Si siente que le apetece sentarse solo y no hablar con nadie, hágalo. Si quiere salir y hablar con un amigo o ir a una fiesta, hágalo. A fin de cuentas, debe hacer lo que le haga sentirse feliz.

Acepte sus Fortalezas

Cada tipo de personalidad nace con sus propias fortalezas únicas. El comportamiento introvertido tiene muchos aspectos positivos. Por ejemplo, suelen ser excelentes a la hora de resolver problemas y pensar, suelen comportarse bien y realizar bien las tareas. Por lo general, están dotados académicamente. Les gusta correr riesgos, aunque normalmente solo toman aquellos que no son contraproducentes.

Según las investigaciones, los introvertidos tienen mucha materia gris en su corteza prefrontal. Esta área está presente en la parte frontal del cerebro, controla cosas como el pensamiento abstracto, las emociones complejas y la toma de decisiones. Es por esto que los introvertidos poseen una gran capacidad de pensamiento.

En muchas escuelas de pensamiento teológicas, filosóficas y clásicas, se dice que la verdadera felicidad deriva de pasar tiempo a solas en contemplación. Los pensadores antiguos, desde Buda hasta Aristóteles, popularizaron esta noción. Los introvertidos ya están bendecidos con una inclinación hacia este comportamiento, porque tienden a encontrar consuelo en la soledad de forma natural. En lugar de ocultar sus características introvertidas, acéptelas y celébrelas.

Representar el Papel

Según estudios científicos, cuando los introvertidos se encuentran cara a cara con los extrovertidos, tienden a controlar su comportamiento y tratan de actuar como extrovertidos. El motivo se debe a la presión social que sienten para parecer positivos y tolerantes. Aunque en realidad esta experiencia es bastante incómoda para el introvertido, que siente que necesita fingir cosas y estar alerta en todo momento. Estas mismas investigaciones indican que, si los introvertidos actúan como ellos mismos sin ninguna presión para ser alguien que no son, pueden ser más felices. (Esto obviamente se aplica a todos los grupos de personalidad).

Los citados son algunos de los métodos que pueden ayudarle a ser feliz y mantenerse positivo como introvertido. Puede probarlos usted mismo y adoptar los que más le funcionen.

Capítulo Nueve: Conquistando los Miedos y las Fobias de los Introvertidos

Uno de los mayores problemas que debe enfrentar un introvertido es tener que lidiar con el miedo y el nerviosismo. Según ciertas investigaciones, un cerebro introvertido generalmente trata de encontrar seguridad y protección, por lo que incluso los peligros más pequeños pueden provocar que su cerebro se hiperactive. Los cerebros introvertidos son más sensibles a los sentimientos fuertes, ya que se concentran más en las sensaciones internas. Es por eso que sus miedos los sienten muy profundamente.

Mucha gente piensa que el miedo es malo y que es una sensación negativa, pero esto no es cierto; no es inherentemente negativo. Como todo sentimiento, es una reacción a la estimulación recibida del mundo exterior o del funcionamiento interior. El problema con el miedo comienza cuando dejamos que se vuelva excesivo. Cuando una persona empieza a obsesionarse con el miedo, generalmente permite que interfiera con tus tareas cruciales. Esta es la razón por la cual, los introvertidos a menudo se congelan mientras socializan.

En opinión de algunos investigadores, los seres humanos nacen con solo dos miedos: la oscuridad y los ruidos fuertes. Todas las demás fobias y miedos que tendemos a tener son desarrollos posteriores. Nadie está libre de miedo; todo el mundo tiene miedo de algo. Muchos introvertidos son tímidos y socialmente ansiosos; estas son dos formas de miedo. Si usted sufre estos miedos, este capítulo le ayudará a superarlos. Echemos un vistazo a algunos consejos y métodos que se pueden utilizar para combatir el miedo.

Charlar

Hay muy pocos introvertidos en este mundo a los que les guste la charla trivial; la mayoría se sienten incómodos hablando de cosas superficiales. Los introvertidos generalmente odian las conversaciones ociosas porque las creen inútiles, por lo que tienden a ponerse nerviosos y comienzan a inquietarse cuando se ven envueltos en alguna.

Muchos intentan disfrutar de las charlas planificándolas extensamente en sus mentes de forma previa, pero cuando llega el momento e intentan expresarse, se les seca la boca y se les queda la mente en blanco. A los introvertidos no les importa conversar como concepto; de hecho, a muchos introvertidos les encanta hablar de cosas que realmente importan o de las cosas que les parecen interesantes. Muchas veces prefieren los chats que les ayudan a conectar con la situación o la persona de una manera más profunda.

Si usted es un introvertido al que le suelen llamar "tranquilo" o "reservado   ", no es porque sea tímido, sino porque usted no encuentra interesante la charla trivial. Para usted carece de importancia y seguramente preferiría usar su energía en algún otro esfuerzo, en lugar de desperdiciarla en una charla irrelevante.

Conocer Gente Nueva

Habitualmente, los introvertidos se sienten angustiados y nerviosos cuando se encuentran e interactúan con extraños. Conocer gente nueva es una excelente manera de hacer nuevos contactos, pero puede ser una situación estresante para los introvertidos. Ellos normalmente encuentran las etapas iniciales de cualquier relación (no solo las románticas) bastante difíciles.

Los introvertidos se sienten especialmente incómodos en grupos grandes de gente, y les resulta difícil hablar con alguien mientras están entre una multitud. Si se siente nervioso por presentarse a alguien, no se preocupe; solo trate de relajarse. Si prefiere conocer a las personas e interactuar con ellas una a una, no se preocupe; no es el único. Muchos introvertidos prefieren las conversaciones privadas a las interacciones abiertas. Por ello, no es de extrañar que muchos encuentren difícil comenzar nuevos trabajos.

Grandes Multitudes

Los introvertidos tratan concienzudamente de evitar los espacios muy concurridos de gente, sin embargo, esto no siempre es posible. Si usted tiene miedo de interaccionar con extraños, es probable que también les tenga miedo a las grandes multitudes. Una avalancha de extraños puede ser particularmente conflictiva para los introvertidos que sufren problemas de ansiedad. Como ya mencionamos anteriormente, los introvertidos generalmente obtienen energía social y personal de la soledad; las multitudes agotan esa energía rápidamente. Por este motivo prefieren hablar y socializar en grupos pequeños. Cuando usted se encuentre atrapado en una multitud, trate de rodearse de sus amigos. De esta manera, se sentirá un poco más cómodo y podrá prevenir un ataque de pánico.

Hablar por Teléfono

Si siente que no le gusta hablar por teléfono y se pone nervioso cada vez que debe atender una llamada, no se preocupe; no es inusual. De hecho, este problema es tan común que existe un término adecuado para él, llamado "telefonofobia". A algunos introvertidos no les gustan las llamadas telefónicas en general, mientras que a otros solo les resultan problemáticas las llamadas de extraños. Algunos no encuentran molesto recibir llamadas, pero se ponen muy nerviosos cuando son ellos mismos los que deben iniciarla. Asimismo, ciertos introvertidos tienden a evitar las llamadas de números desconocidos.

No hay ninguna razón en particular por la que usted pueda encontrar las llamadas telefónicas difíciles y angustiantes. Algunos creen que esto puede deberse a la imposibilidad de ver a la persona con la que mantiene la conversación al teléfono, privándole de la capacidad de estudiar su lenguaje corporal. Esta disociación entre la voz y el cuerpo puede resultar bastante inquietante para muchos. Los introvertidos son bien conocidos por sus habilidades de observación, por lo que cuando se ven obligados a hablar por teléfono, no pueden hacer uso de esa habilidad; esto puede hacerlos entrar en pánico.

Actividades Sociales de Gran Duración

A menudo los introvertidos se ven forzados a asistir a fiestas y eventos sociales. Es habitual que las personas intenten convencerlos para ir, prometiéndoles que será divertido. "Diversión" es un término subjetivo que cambia de significado de un individuo a otro. Por lo tanto, lo que es divertido para un extrovertido puede no serlo para un introvertido. De hecho, el introvertido puede ser lo opuesto a la diversión.

A los introvertidos les encanta pasar un buen rato con sus amigos, pero prefieren hacerlo a su forma. No les gusta perder el tiempo en las fiestas, especialmente si son fiestas largas y de gran duración. Estas fiestas son aburridas para ellos y pueden ser bastante estresantes. Si usted no disfruta de estas actividades, es mejor que hable con sus amigos sobre su punto de vista. Si estos le aprecian de verdad, intentarán comprender su problema.

El Bochorno

La introversión, decididamente, tiene mucho que ver con el miedo a la humillación. Los introvertidos generalmente pasan mucho tiempo escuchando y observando. Por lo general, tienden a evitar a otras personas porque no desean ser vistos haciendo algo que la gente juzgará negativamente. Las personas introvertidas también suelen ser muy intuitivas; dicha intuición les hace pensar en muchos escenarios sobre el futuro y cosas que pueden suceder o no. Muchas veces, esta especulación propicia que los introvertidos den un paso atrás y eviten la situación por completo. De hecho, en muchas ocasiones, los introvertidos tienden a pensar en el peor de los casos. Si bien la intuición es una gran cualidad, es mejor estar preparado para evitar contratiempos. Si usted se siente avergonzado con facilidad, es mejor evitar situaciones que puedan resultar humillantes. Trate de no llamar mucho la atención. Pero si lo que quiere es vencer este miedo, la mejor manera es que deje de preocuparse. Por supuesto que puede ser bastante difícil al principio, pero con suficiente tiempo y práctica, comenzará a dejar de sentir vergüenza porque dejará de preocuparle lo que otras personas piensen y sientan.

Nunca deje que otras personas le juzguen por ser introvertido o introvertida. Es algo totalmente natural; debe aceptar y abrazar todas sus características naturales e introvertidas. No puede vencer sus miedos si no los enfrenta. Cuando uno aprende a conquistar y enfrentar sus miedos, comienza a crecer como ser humano. Por lo tanto, trate de abordar sus miedos, incluso si parecen demasiado estresantes en este momento. Puede abordar todos sus miedos relacionados con la introversión, incluida la timidez, el nerviosismo que le provocan las conversaciones triviales y el miedo a la vergüenza, si dedica algún tiempo a practicar los métodos que se dan en este libro.

Aprenda el Funcionamiento

Antes de enfrentar a un enemigo fuerte, es importante comprender sus debilidades y fortalezas. Necesita tener información completa al respecto. Si el miedo está interfiriendo en su vida, ¿cómo lo hace? Por ejemplo, puede interferir con su vida profesional, académica y personal. Debe comprender los signos del miedo psicológico y físico. Una vez que recopile toda esta información, puede comenzar a abordarla correctamente y ser más capaz de vencer su miedo.

Junto con la información anterior, también debe recopilar datos de fuentes como artículos, libros, blogs de psicología y profesionales de la salud mental.

Sea Consciente de su Miedo

Una vez que recopile información relacionada con su miedo y se familiarice con él, debe comenzar a examinar cómo se siente al respecto. Comprenda dónde localiza el miedo su cuerpo. ¿Lo siente en su garganta, pecho o vientre? Comprenda sus signos físicos, para que la próxima vez, cuando lo experimente, pueda identificarlo de inmediato. De esta manera, podrá trabajar contra él correctamente. Nombrar su miedo y llamarlo en voz alta de vez en cuando le ayudará a enfrentarlo.

Plántele Cara

Es fundamental que usted comprenda y acepte su miedo. No intente negarlo ni ocultarlo. Los introvertidos deben lidiar con sentimientos negativos que ocultan en demasiadas ocasiones. Pero ocultar estos sentimientos no ayuda en absoluto porque esconderlos no resuelve el problema subyacente, sino que solo lo agrava aún más. Una vez que comience a sentir y no esconder el miedo, puede comenzar a abordarlo siguiendo los distintos pasos que se han detallado anteriormente. De hecho, puede parecer una misión difícil al principio, pero con paciencia, dedicación y tiempo podrá realizarla. No sea demasiado duro consigo mismo; permítase su tiempo para abordar el miedo gradualmente. Si su primer intento no sale como esperaba, no se preocupe, siga intentándolo. El miedo es una especie de hábito y ya sabemos que es difícil cambiar los hábitos. Piense que incluso el paso más pequeño le ayudará a progresar. Con el tiempo verá que los nuevos hábitos empiezan a arraigar y, una vez que estos hábitos se asienten, no tendrá que hacer ningún esfuerzo para mantenerlos en el futuro.

Recuerde por qué es Importante

Los introvertidos nunca dejan de asombrarse al ver a los extrovertidos alegres y relajados incluso en los escenarios sociales más abrumadores. Una de las principales razones por las que los extrovertidos no parecen tener miedo es por la forma en que sus cerebros manejan las situaciones sociales. Para ellos, estas situaciones son placenteras y el sentimiento de placer domina al sentimiento de miedo.

Los introvertidos están muy concentrados en sus sentimientos, por lo que su miedo se hace más grande que el de los extrovertidos y por eso tienden a evitar las reuniones sociales. Pero si esto está obstaculizando su progreso, debe superarlo. Las interacciones sociales son cruciales mientras se vive en sociedad; es imperativo que se pregunte antes de evitar algo si es importante o no, si necesita interactuar con la persona o la situación o no, y si la conversación actual le ayudará en el futuro o no.

Si no participa en la conversación actual, ¿obstaculizará sus perspectivas en el futuro? Comprender y responder estas preguntas le ayudará a calmarse y a pensar en el asunto detenidamente. También le ayudará a controlar y gestionar sus decisiones correctamente. Recuerde, su conciencia es bastante selectiva, así que úsela con cuidado. Intente buscar un equilibrio entre los pros y los contras de la situación y luego tome una decisión de acuerdo a lo anterior.

¡Repítalo!

Los seres humanos forman hábitos rápidamente y se adhieren a estos durante mucho tiempo. Nuestro cerebro forma esos hábitos porque le ayudan a gestionar las cosas con mayor facilidad. Es un mecanismo crucial que permite al cerebro ahorrar energía, ya que puede usar experiencias pasadas para solventar los desafíos que se presenten. Pero para que esto funcione correctamente, debe concentrarse en cada situación y permitirle a su cerebro formar respuestas basadas en dichas experiencias anteriores. Si su cerebro forma malos hábitos, sufrirá las consecuencias en el futuro. Para fortalecer su cerebro, debe hacer un esfuerzo consciente para desarrollar comportamientos adecuados. De la misma forma, es muy necesario que aprenda a ajustar su comportamiento para poder progresar. Recuerde, la perfección no es posible, pero esto no significa que deba dejar de perseguirla.

El miedo es un sentimiento confuso porque su principal razón de ser es la de advertir sobre un peligro inminente. Nuestro cuerpo, cuando siente miedo, tiende a abordarlo con la respuesta instintiva de huir o luchar. Los introvertidos generalmente eligen la primera reacción y tratan de evitar la situación por completo. Por tanto, es fundamental gestionar el miedo interiorizado para poder avanzar en la vida.

Capítulo Diez: Superar la Ansiedad y la Incomodidad Social

A menudo confundimos la introversión con la ansiedad social, en particular los extrovertidos que piensan que todos los introvertidos son inadaptados sociales. Pero la introversión y la ansiedad social son conceptos diferentes y mutuamente excluyentes. En este capítulo, analizaremos en profundidad ambas circunstancias y mostraremos sus diferencias.

Primero, es necesario aclarar que la introversión no es una enfermedad. La introversión está relacionada con la forma en que nuestro cuerpo usa la energía. La incomodidad social y la ansiedad, sin embargo, se relacionan con cómo se siente en su vida diaria y cómo responde a las cosas que experimenta. Veamos cómo lidiar con las experiencias de la vida siendo un introvertido que sufre de ansiedad social.

Superar la Ansiedad Social como Introvertido

- ## Conocer Gente Nueva

Conocer gente nueva puede ser difícil, especialmente para las personas que tienen ansiedad social, ya que tienden a obsesionarse con los pequeños detalles y, en general, se sienten nerviosas por causar una buena impresión. Ese nerviosismo también se refleja en el contenido de la conversación, donde tienden a hacer más preguntas que a responderlas. Esta es una gran táctica en las etapas iniciales de una relación porque a todos nos gusta hablar de nosotros mismos, pero se vuelve poco efectiva rápidamente. Las personas que tienen ansiedad social generalmente tienen dificultades para iniciar una conversación porque tienden a pensar demasiado en las cosas, lo que a veces les hace parecer mudos.

- ## Hablar es Divertido

En algunos aspectos, las personas con ansiedad social son bastante similares a las introvertidas. Al igual que los introvertidos, los primeros tienden a participar en las conversaciones si el tema tratado les gusta. Si el tema es interesante, pueden hablar mucho sobre él. Las personas introvertidas, del mismo modo que las que sienten incomodidad social, suelen pensar mucho antes de hablar y prefieren reflexionar y recopilar información antes de expresar su punto de vista. Pero hay una gran diferencia: las personas con ansiedad social prefieren escuchar hablar a otros, en lugar de hablar ellos mismos. Pueden hablar con varias personas durante bastante tiempo, pero una vez que se cruza su umbral, comienzan a quedarse sin palabras.

- ## Muchedumbres

Las personas introvertidas y las que sufren incomodidad social generalmente tratarán de evitar quedar con otros en un área concurrida. La espera y las conversaciones triviales que conlleva el cenar en un lugar lleno de gente puede ser bastante estresante para ellos. Se olvidarán de disfrutar de la comida y la compañía, y se centrarán en escapar de la situación lo antes posible. Por lo tanto, en lugar de ir a un sitio demasiado concurrido, quienes presentan esta dificultad deberían elegir un lugar tranquilo y sereno con poca gente.

- **Pocas Palabras**

Los extrovertidos se sienten desconcertados por los introvertidos y por las personas inadaptadas socialmente de manera muy frecuente debido a su forma de ser, tan callados la mayor parte del tiempo. Los introvertidos que además padecen ansiedad social pueden llegar a ser increíblemente callados. De hecho, pueden mantener su silencio incluso en las situaciones más difíciles porque lo disfrutan. Asimismo, tienen pasatiempos que generalmente involucran la soledad, como escribir, leer, escuchar música, la jardinería, etc. El silencio les ayuda a concentrarse y a contemplar; les proporciona un sentido del mundo que les permite disfrutar adecuadamente de los pequeños placeres de la vida.

- **Libros**

Muchas personas introvertidas y socialmente inadaptadas son ávidos lectores. Disfrutan mucho de la compañía que ofrecen los libros y suelen hablar mucho acerca de estos; siempre tienen recomendaciones de libros para sugerir a otros. También les gusta volver a leer los libros que les cautivaron porque les da una sensación de reconexión.

A veces, incluso se desconectan del mundo para adentrarse en la realidad del libro que están leyendo y prefieren pasar horas y horas con su libro en lugar de ir a una fiesta ruidosa y llena de gente.

- **Tristeza**

Ya hemos comentado anteriormente que los introvertidos con incomodidad social tienen una tendencia inherente a sentir las emociones de forma más intensa que otras personas. Este hecho les conduce frecuentemente a estar tristes. Cualquier simple noticia puede desencadenar en ellos un sentimiento de tristeza que pueden mantener durante mucho tiempo. La ansiedad suele ser una puerta de entrada a la depresión, cuando la ansiedad social se activa, el sistema emocional se colapsa. En ciertas ocasiones, los introvertidos pueden intentar salir de su tristeza permaneciendo solos, aunque muchas veces esta soledad únicamente consigue agravar el problema.

En conclusión, la introversión y la ansiedad social pueden parecer mutuamente excluyentes, pero una persona puede sufrir ambas simultáneamente. Recuerde que ser introvertido o sufrir ansiedad social no es algo negativo, simplemente significa que debe vigilar su salud y trabajar con cuidado. La introversión no es una enfermedad mental, pero según muchas fuentes, la ansiedad social sí lo es. Si tiene ambos, entonces es necesario que se mantenga bien despierto y tenga confianza en sí mismo. No hay nada de malo en usted. Incluso si ciertas situaciones y aspectos de su vida le resultan bastante difíciles, eso no significa que deba sentarse en un rincón abatido. ¡Sea usted mismo y hágalo con confianza! No importa si es introvertido o sufre ansiedad. Solo sea valiente.

Diferencias entre Ansiedad Social e Introversión

En la parte previa hemos visto cómo lidiar con la ansiedad social y la introversión juntas. Pero ¿cuáles son las principales diferencias entre ellas? En la siguiente sección analizaremos estas diferencias en detalle.

• Introvertido se Nace; La Ansiedad Social se Hace

La introversión es perfectamente natural y es parte de su personalidad. No puede cambiarlo y no puede curarlo porque no es una enfermedad ni un trastorno. El carácter introvertido proviene de su genética. Las personas con ansiedad social son generalmente introvertidas – muchas veces los introvertidos tienden a desarrollar ansiedad social debido a la combinación letal de la genética y las experiencias sociales.

Existen diversos factores que pueden propiciar que una persona se sienta inadaptada socialmente. Una de las principales razones es el aprendizaje adquirido. Tendemos a aprender cosas en diferentes situaciones nuevas y, a veces, las cosas que aprendemos son negativas. Por ejemplo, si siempre vio a sus padres preocupados por algo, usted pudo aprender a sentirse preocupado habitualmente, a fuerza de cultivar ese hábito en su mente. Este rasgo luego se ve reforzado por acciones y experiencias como el acoso y otras interacciones traumáticas similares. Las personas que tienen ansiedad social suelen sentir, erróneamente, que no están a la altura de las circunstancias.

Otro aspecto de la ansiedad social es evitar la interacción. Las personas que la padecen tienden a evitar las interacciones porque no quieren participar en charlas triviales. Ponen excusas e incluso fingen estar enfermas. En las fiestas, si estas personas se sienten nerviosas, miran sus teléfonos constantemente para evitar entrar en contacto con los demás. Algunos incluso pueden llegar a esconderse en el baño con tal de evitar el trato con otros.

- **Miedo a ser Descubierto**

Las personas que sufren ansiedad social tienden a creer que hay algo intrínsecamente mal en ellas. Esto se debe a que no creen en sí mismos y creen que tienen muchos defectos que han mantenido ocultos; la mayoría de las veces, estos supuestos defectos son falsos y no existen, sin embargo, se convencen a sí mismos de que los tienen.

Dichos defectos pueden ser de diversa índole, tanto físicos como mentales. Por ejemplo, pueden creer que se ponen rojos cuando hablan con la gente y que les empiezan a sudar las palmas de las manos. Algunas personas pueden sentir que todo el mundo se reirá de ellas si tratan de expresar sus opiniones. Sean cuales sean los defectos que se atribuyen a sí mismos, tienen miedo de que se revelen.

Los introvertidos que no tienen ansiedad social no creen que haya algo en su interior funcionando mal. No tienen miedo de "ser descubiertos" porque no tienen nada en particular que ocultar.

- **Perfeccionismo y Ansiedad Social**

El perfeccionismo es la perdición de la humanidad. Las personas que luchan por alcanzar la perfección no se dan cuenta de que no existe. La gente que padece ansiedad social trata de lograr que sus interacciones sociales sean perfectas; intentan ser lo más impecables posible en términos de socialización. Tienen una actitud de todo o nada, lo que en sí mismo es bastante problemático. También tienen miedo a las críticas y para tratar de evitarlas intentan ser encantadores e ingeniosos, pero no siempre funciona. Y cuando efectivamente no funciona, pueden quedarse paralizados mentalmente.

Los introvertidos que no sufren de ansiedad social no se preocupan por estas cosas. Entienden que no siempre están bajo el escrutinio de los demás. No anticipan el juicio. Tienden a seguir el flujo natural de la conversación. Pero incluso si la conversación no fluye naturalmente y termina siendo incómoda, no pensarán demasiado en ella porque, en última instancia, no les importa mucho.

- **La Introversión es su Forma de Ser; La Ansiedad Social Entorpece su Ser**

La ansiedad social está estrechamente relacionada con el miedo. De hecho, casi siempre se canaliza a través del miedo. Las personas que tienen ansiedad social, como ya hemos visto, suelen evitar las reuniones y las grandes multitudes porque temen al ruido. Pero algunos extrovertidos que sufren ansiedad social también pueden sentirse así. A los extrovertidos les encantan las fiestas, y si la ansiedad social no les permite salir y disfrutar, se sentirán frustrados y enojados. Si la ansiedad social le trae serios problemas a su vida casi todos los días, se recomienda que actúe al respecto.

Al igual que las personas con ansiedad social, los introvertidos también tratan de evitar las fiestas; si terminan en una fiesta, intentan irse lo antes posible. Aunque a diferencia de las personas con ansiedad, no les importa si se van demasiado temprano. No se critican a sí mismos por irse temprano porque saben que simplemente no encuentran la fiesta lo suficientemente interesante. No se juzgan a sí mismos ni se sienten extraños tampoco. Su elección no está motivada por el miedo; solo se dejan llevar por su juicio y su mente.

Por tanto, la ansiedad social puede parecer una especie de introversión al principio, pero si profundiza, se dará cuenta de que estas dos cosas son bastante diferentes. Pero es posible superar la ansiedad social, solo se necesita aprender a hacerlo. En el próximo capítulo, veremos cómo puede tener confianza social incluso si padece este miedo.

Capítulo Once: Cómo Alcanzar la Confianza Social

Tener confianza social no es nada complicado. Con algo de práctica, tiempo y dedicación, cualquiera puede alcanzarla. Si tiende a evitar las reuniones sociales o acaba sentado en una esquina cuando asiste a una, no se preocupe, no es el único. Hay muchas personas como usted en el mundo, sean introvertidas o no. Resolver este problema es bastante sencillo, solo necesita desarrollar la confianza en sí mismo, ser resuelto y atrevido. Echemos un vistazo a cómo puede convertirse en una persona segura de sí misma y sentir una mayor soltura en sus interacciones sociales. Veamos unos sencillos pasos.

Crear una Perspectiva Segura

• **Acéptese a Sí Mismo**

Si no se acepta a sí mismo, nadie más le aceptará tampoco. A los introvertidos les encanta pasar tiempo con ellos mismos y odian las multitudes. Esta es una tendencia natural que no pueden cambiar y por la que usted no puede esperar despertarse una mañana y convertirse en el alma de la fiesta. Si intenta hacerlo, solo conseguirá más estrés y ansiedad; es decir, le conducirá al desarrollo de más problemas en lugar de resolver los que ya tiene. Por ello, en lugar de forzarse a ser extrovertido, intente encontrar un término medio en el que se sienta cómodo y seguro.

Aceptar su naturaleza introvertida puede ayudarlo a concentrarse en la calidad de las conversaciones que tiene en lugar de concentrarse en la cantidad de estas. Recuérdelo, la cantidad no es tan importante como la calidad.

• **La Confianza es Crucial**

No puede conseguir la soltura que anhela en sus interacciones sociales si no tiene confianza. Tener confianza en sí mismo es más fácil de lo que parece, lo importante es que al hablar con las personas se involucre de tal manera que se sientan escuchadas. Ha de mostrarse despierto, pero no descarado. Si poco a poco va aplicando estos pequeños ajustes mejorará su competencia social. Esto es muy importante debido a que, según las investigaciones, la competencia social es excelente para la confianza en sí mismo y para la percepción que tiene de sí mismo. Si, como hemos mencionado, usted aplica los ajustes necesarios comenzará a aceptarse a sí mismo durante las diversas situaciones sociales en las que se involucre. Practicar la competencia social es fundamental porque le permitirá crear nuevas oportunidades de conocer gente. Cuando alguien es socialmente competente, se acerca a más personas nuevas. De esta manera, formará nuevos contactos y, en última instancia, también encontrará nuevas oportunidades relacionadas con otros aspectos.

Su autopercepción juega un papel importante en cómo se comporta en sociedad. Si no se siente seguro de sí mismo, no actuará con decisión. También es necesario que elimine la negatividad de su vida si quiere ser feliz, confiado y sociable, lo que nos lleva al siguiente punto.

• Negatividad

Si ansía ser una persona positiva y sociable, es necesario que deje de lado la negatividad. Las ideas y pensamientos negativos son perjudiciales para su salud social, mental y física. Cuando una persona no tiene confianza social, intenta encontrar razones que confirmen sus pensamientos negativos. Para evitar esta trampa mental, siempre que sienta que es demasiado negativo, deténgase y trate de encontrar la evidencia que respalde dicho pensamiento negativo. A menudo, no encontrará nada y, por lo tanto, cortará el pensamiento negativo de raíz.

Por ejemplo, si cree que no le agrada a nadie porque es aburrido, párese a reflexionar durante un momento y busque pruebas de que no es aburrido y que le agrada a la gente. Esto despejará todas sus dudas y le hará sentirse libre una vez más.

• No De Nada por Sentado

Una vez que comience a buscar pruebas que respalden la confianza y la positividad, puede intentar probar esa confianza en sí mismo. La forma en que la gente reacciona a algo no depende de usted; de hecho, no puede controlar las reacciones de otras personas. Si cree que usted es el motivo de ciertas reacciones, trate de ignorar este pensamiento. Cómo reacciona la gente depende únicamente de ellos. Evite hacer otras suposiciones.

Por ejemplo, si ve a una persona haciendo una mueca, puede sentir que se está burlando de usted o que se está aburriendo. Otras veces, algunas personas terminan las conversaciones a mitad de camino, se levantan y se marchan. No se preocupe; en lugar de culparse a sí mismo, trate de ver si hubo otras razones por las que esto pudo suceder. Si una persona hace una mueca mientras habla con usted, podría deberse a que no se siente cómodo en su asiento o no se siente bien. Si alguien deja una conversación a medias, es posible que tenga una tarea que deba realizar de inmediato. O puede que se trate de un introvertido y necesite algo de tiempo a solas lo antes posible.

- **Entendimiento**

Si muestra entendimiento hacia los demás, recibirá entendimiento a cambio, y cuando hay entendimiento mutuo se crea una atmósfera saludable propicia para la conversación. Desde ahí puede generar interacciones positivas que le ayudarán a tener más confianza en sí mismo y le permitirán captar y comprender las señales sociales. Mostrar entendimiento también le ayudará a ser más empático.

- **Expectativas**

Cuando interactuamos con otras personas, tendemos a crearnos expectativas con respecto a sus reacciones. Si usted tiende a esperar mucho de la gente o de la propia interacción, a menudo terminará sintiéndose insatisfecho debido a que, probablemente, tenga expectativas que no son demasiado realistas. Nunca asuma la responsabilidad de cómo actúan otras personas a su alrededor; esa es una decisión de cada uno.

Si, por ejemplo, usted trata de hablar con una persona y esta no responde de manera positiva, no se castigue por ello. Solo olvídelo y siga adelante. Si alguien no quiere hablar con usted, no es su problema, es un problema de él o ella. No puede ser amigo de todos y no todos querrán ser amigos suyos. Esto es perfectamente normal.

- Mostrar interés en los demás

Una conversación tiene lugar entre dos o más personas. Si solo habla de usted mismo durante la conversación, nadie estará interesado en hablar con usted. Por el contrario, debería poner interés en que su interlocutor se sienta cómodo. Él o ella debe sentir que lo escucha y lo valora. Esta característica se conoce como competencia social y es un paso importante para tener confianza social. Debe tratar de comprender las señales verbales y no verbales y utilizarlas para hacer que los demás se sientan cómodos. Esto le ayudará a perfeccionar sus habilidades sociales.

Por ejemplo, cruzar los brazos y evitar el contacto visual son dos gestos que hacen que las personas se vean poco interesadas. Por lo tanto, si desea parecer atento e involucrado en la conversación, evite usar estos gestos.

- **Comunicación No Verbal**

A los introvertidos no les gusta demasiado hablar, pero pueden hacer uso de su comunicación no verbal con la ayuda de su lenguaje corporal. Trate de adoptar un lenguaje corporal que le haga parecer más seguro. Use poses de comunicación no verbal, también conocidas como "poses de poder", con las que se verá confiado y resuelto.

Hay muchas poses de poder diferentes y hay mucha información disponible sobre ellas en Internet. Adopte algunas de ellas y compruebe su efectividad por sí mismo.

Ejemplos:

- Sentarse erguido y mantener el pecho expandido.

- Al sentarse con una mesa delante, colocar las manos sobre ella.

- Estando de pie, mantener los brazos y los hombros bien abiertos.

- Sonreír a menudo.

- Establecer contacto visual al conversar con otros.

- Mostrarse tranquilo.

- Mantener un discurso claro.

Además de los gestos y comportamientos mencionados anteriormente, puede encontrar muchos más en Internet.

Si usted consigue expresar sus opiniones con claridad y lucidez, parecerá confiado y resuelto. Necesita aprender a hablar con confianza. Su compañero o interlocutor ha de poder escucharlo y comprenderlo claramente. Ajuste el tono de su voz si es necesario.

Debe aprender a comunicarse correctamente porque la comunicación verbal hábil puede ayudarlo a parecer cómodo en reuniones sociales y ayudar a que otros le comprendan mejor.

Murmurar es un signo de poca confianza; también refleja desinterés y hace que la gente piense que no se siente cómodo en la conversación.

• El Ritmo

No puede convertirse en un gran orador con modificar simplemente la claridad de su voz; también necesita controlar y modular su ritmo. El ritmo del habla no debe ser demasiado lento ni demasiado rápido. La gente debe poder entenderle correctamente. En algunas ocasiones solemos hablar demasiado rápido cuando estamos nerviosos. Hablar demasiado rápido dificulta las cosas para nuestros oyentes, ya que no podrán entendernos. Para asegurarse de que está hablando a un ritmo normal, respire a intervalos regulares mientras habla; de esta forma podrá controlar su ritmo.

Si percibe que está hablando demasiado rápido, haga una pausa por un momento y comience a hablar lentamente de nuevo.

• Saber Escuchar

Es imposible ser un gran orador sin ser un gran oyente. Necesita aprender a escuchar a las personas para aprender a hablar con ellas. Trate de concentrarse en lo que dice la gente. Piénselo. De esta manera, podrá formular respuestas concretas a sus preguntas y podrá responderles de manera adecuada. Sus respuestas deben ser consideradas y tranquilas. Si escucha atentamente mientras otros hablan, les muestra que está interesado en lo que quieren decir y esto, a su vez, les demuestra que no solo se preocupa por sus ideas y opiniones, sino que también los respeta como personas.

Cuando usted se encuentra nervioso, tiende a prestarse mucha atención a sí mismo. Esto es natural, pero también puede hacer que otras personas se sientan incómodas. Recuerde que no deben sentir que no está interesado en lo que están diciendo.

Recuerde también no interrumpir nunca a nadie en mitad de una conversación, deje que la otra persona termine de exponer su idea y a continuación usted podrá expresar la suya.

• Situaciones Sociales

En las recomendaciones anteriores vimos cómo se puede adquirir confianza social, pero no puede sentir esa confianza realmente hasta que aplique estos consejos de manera efectiva en su vida. Para practicar sus habilidades de confianza social, necesita desenvolverse en sociedad de vez en cuando. Estas situaciones pueden ayudarlo a tener más confianza y le permitirán poner en práctica las recomendaciones aquí sugeridas. Con el tiempo y la práctica, sus habilidades sociales se desarrollarán y tendrá cada vez más confianza. Si se involucra con frecuencia en este tipo de situaciones, logrará sentirse más cómodo en ellas y también reducirá su ansiedad. Tenga en cuenta también que, en lugar de exponerse únicamente a ciertas situaciones sociales, debería esforzarse para desenvolverse en una variedad de ocasiones diferentes.

Intente iniciar conversaciones, comenzar a hablar con alguien no es difícil. Puede comenzar con un simple saludo o puede hacerle un cumplido a alguien y luego continuar con la conversación.

• Juego de Rol

El juego de rol realmente puede ser un gran impulso si se hace correctamente. Siempre que quiera practicar sus habilidades sociales, simplemente pídale ayuda a un amigo o familiar de confianza. Pídale que se haga pasar por un extraño y practique sus habilidades con él o ella. Estas sesiones de entrenamiento le ayudarán a formar un guion informal en su cabeza que podrá usar cuando conozca a extraños reales. Simplemente cree un formato simple y flexible para que pueda usarlo con mucha gente distinta.

- **Amigos**

Si le resulta difícil iniciar una conversación, no se preocupe. Puede optar por pedirle a un amigo que le presente a gente. Conocer a los amigos de sus amigos es una buena forma de aumentar su círculo social. También puede practicar sus habilidades comunicativas sin tener que presentarse a gente nueva. Pídale a su amigo que le presente y luego participe en la conversación a medida que se desarrolla de forma natural.

- **Socializar en Entornos Nuevos**

Como hemos comentado antes, es necesario que se exponga a entornos sociales de lo más variados. Una vez que se acostumbre a un lugar, se sentirá cómodo con él. Pero si desea potenciar sus habilidades comunicativas, debe visitar lugares donde no conozca a nadie. Esto pondrá a prueba su confianza en sí mismo. Si no quiere estar en una fiesta llena de gente, busque una pequeña reunión donde conocer gente nueva. Es recomendable que siempre esté abierto a visitar lugares desconocidos para encontrar gente nueva e interesante. Esto mejorará enormemente su confianza.

Las reuniones pequeñas pueden ser de cualquier tipo. Por ejemplo, puede encontrar y conocer gente en un gimnasio, en un club de lectura o un club de actividades, etc. Estos lugares le ofrecerán muchas oportunidades para iniciar conversaciones.

Capítulo Doce: Cómo Conseguir ser más Sociable

Las personas introvertidas se consideran misteriosas de manera generalizada, pero los hombres particularmente enfrentan una parte más dura que las mujeres en este aspecto. Se supone que los hombres deben mostrar su fuerza y destreza; se supone que toman la iniciativa la mayor parte del tiempo. Estas expectativas son cruciales para ellos porque les afecta directamente en su éxito personal y profesional. Si es introvertido y quiere ser más sociable por motivos personales o profesionales, esta sección le ayudará a hacerlo. Contiene varios consejos y métodos probados y demostrados que lo ayudarán a convertirse en un introvertido socialmente hábil en poco tiempo. Solo necesitará practicarlos regularmente para sentirse más confiado y suelto.

Hablar

La mayoría de la gente cree que es necesario hablar mucho para ser sociable. Sin embargo, los introvertidos tienden a evitar hablar demasiado, como ya sabemos. Pero no se preocupe, nadie espera que hable mucho. Solo necesita calmarse y seguir el flujo de la conversación. Cuando necesite decir algo, dígalo en un tono relajado.

Acepte su Lado Introvertido

Muchas personas intentan cambiar sus características innatas porque sienten que ser introvertido está mal. Pero esto no es más que un mito. La introversión es perfectamente natural y normal. Ser un introvertido con confianza en sí mismo le proporciona un aura misteriosa que es irresistible para ambos sexos. Necesita aprender a sentirse cómodo en su piel y tener soltura. Su confianza en sí mismo le ayudará a enfrentar las incomodidades asociadas con la introversión.

Iniciar la Conversación

Hoy en día, debido a compromisos profesionales y personales, es muy común que las personas conozcan gente nueva casi todos los días. Sin embargo, esto puede ser muy estresante para los introvertidos, a quienes no les gusta tener conversaciones superficiales. Si alguna vez se encuentra atrapado en una situación similar, no se preocupe. Simplemente planifique las cosas de antemano. En lugar de encontrarse con un extraño en un lugar al azar, elija el lugar con cuidado. Su elección debe permitirle amplios temas de conversación, de modo que siempre que sienta un silencio incómodo, pueda elegir un nuevo tema y hablar sobre él. Reunirse en un restaurante, por ejemplo, es una opción mucho mejor que reunirse en un parque.

Escuche, Piense y Responda

Escuchar es una gran habilidad que generalmente se asocia con la introversión. A los introvertidos les encanta escuchar y luego reflexionar las cosas, pero rara vez responden rápidamente. Si no quiere asustar a su interlocutor, se recomienda no solo escuchar y pensar sino responder. Así permitirá que la conversación siga avanzando.

Resalte sus Puntos Fuertes

Los introvertidos nacen con diversas habilidades que generalmente se conocen como características de la introversión.

Algunas de estas habilidades incluyen escuchar, ser honestos y ser observadores. Si tiene alguna de estas habilidades, manténgase orgulloso al respecto y no las oculte. Déjelas brillar intensamente. Seguramente le ayudarán a hacerse notar y, por extensión, a ser más sociable.

Practique

Las personas sociables tienden a saber qué decir, cuándo decirlo y cómo decirlo. Algunos extrovertidos nacen con esta habilidad, pero otros la aprenden con la práctica. Usted también puede aprenderla hablando con extraños y encontrando temas de conversación interesantes. Con la práctica logrará socializar cómoda y habilidosamente.

Animador

Una excelente manera de ser aceptado socialmente es entretener a la gente. Algunas personas tienen la habilidad de entretener a otras sin esfuerzo alguno. Si usted no es una de estas personas, evite intentar ser un animador. Los introvertidos rara vez se sienten cómodos siendo el centro de atención. Por ello, en lugar de forzarse a ser el centro de atención, quédese en un segundo plano y disfrute de las cosas desde la distancia.

Estilo

Su ropa y estilo pueden ayudarlo a expresar cosas que no puede expresar verbalmente. Si le resulta difícil hablar y expresarse correctamente a través de las palabras, deje que su ropa y accesorios hablen por usted. Es recomendable que ajuste su estilo especialmente si no se siente seguro con su ropa. Si bien es necesario tener confianza en la propia piel, también puede acelerar el proceso confiando en su vestimenta.

Amabilidad

En lugar de pensar en las personas como extraños, piense en ellos como amigos que acaba de conocer. Si trata a los extraños como amigos, no se sentirá tan incómodo. Simplemente use las tácticas de conversación que usa con sus amigos habituales. De esta manera, no estará nervioso y podrá mantener una conversación con éxito.

Tiempo Solo

Recuerde que la introversión es normal y no puede evitarla. Es su personalidad, y necesita conectar con su lado introvertido de vez en cuando. No olvide recargarse disfrutando de un tiempo a solas cuando lo necesite. Este tiempo es fundamental porque le permitirá a su mente generar nuevas ideas.

En resumen: para volverse más sociable, un introvertido solo necesita volverse más seguro de sí mismo. Tener confianza en sí mismo aumentará automáticamente sus habilidades sociales. No se preocupe mucho por las impresiones que pueda proyectar sobre los demás; solo preséntese, sea usted mismo y relájese.

Capítulo Trece: Cómo Conectar y Hacer Amigos

Encontrar a Alguien que le Entienda

Encontrar personas que nos comprendan es de por sí difícil, pero se vuelve aún más complicado para un introvertido que aprecia la soledad. Contrariamente a la creencia popular, los introvertidos también necesitan amigos. Si bien hacer amigos es fácil cuando se es joven o se está en la escuela, se torna bastante difícil conocer gente nueva y hacer nuevas amistades en la edad adulta. Esto ocurre como consecuencia de varios motivos; la falta de tiempo para socializar, la falta de temas de conversación y la falta de energía son algunas de las razones por las que a los adultos les resulta difícil hacer nuevos amigos. Para los introvertidos, es aún más difícil porque encuentran agotador conocer a extraños.

Los introvertidos tienden a ser exigentes. No les dan su amistad aleatoriamente a cualquier persona. Suelen ser muy selectivos y solo escogen como amigos a aquellas personas a las que comprenden y en las que pueden confiar, principalmente porque no tienen mucha energía social y no quieren desperdiciarla en personas al azar. Los extrovertidos son como grandes salones de fiestas con gran capacidad donde uno puede entretener a muchas personas simultáneamente, mientras que los introvertidos son como suites de lujo con entrada reservada a personas exclusivas.

Algunas personas creen que un extrovertido no puede ser amigo íntimo de un introvertido y viceversa, pero esto es falso. Si su amigo le entiende bien y conecta con usted, una amistad es perfectamente posible. En esta sección, descubriremos algunos consejos que pueden ayudarlo a encontrar amigos que empaticen con usted.

• **Piense en sus Conocidos**

¿Y si, en lugar de intentar hacer nuevas amistades, trata de conectar con sus conocidos y se hace amigo o amiga de ellos? Todo el mundo cuenta con muchos conocidos en su vida; solo eche un vistazo a los que le parezcan interesantes e inicie contacto con ellos. ¡Ya verá como enseguida hace nuevas amistades!

• Primeros Pasos

Casi todos los introvertidos odian dar el primer paso para iniciar el contacto. Si usted se identifica con esto, seguramente esperará a que las otras personas le hablen primero. Esto se debe a que tiene miedo al rechazo y no quiere sentirse avergonzado o humillado. Sentir el rechazo de alguien puede sacar a relucir las dudas sobre sí mismo, lo que a su vez puede ser bastante perjudicial para su salud mental. Si usted ha sufrido mucho rechazo en etapas anteriores de su vida, es posible que no inicie contacto con nadie en el futuro. Se siente desanimado y triste y este desánimo puede causar estragos en su vida.

La pasividad, especialmente en la edad adulta, es problemática. Si actúa de forma pasiva al entrar en contacto con personas nuevas, le resultará difícil hacer amigos. Con esa actitud la gente nunca se acercará a usted para forjar una amistad; debe hacer un esfuerzo para conectar con las personas. La amistad es una relación mutua; ambas partes deben poner de su parte para que tenga éxito. Nadie intentará ser su amigo si no hace ningún esfuerzo. Tómese esto en serio e inicie conversaciones. Dé el primer paso en lugar de esperar a que otros lo hagan.

• **Máscaras**

Cuando conocemos gente nueva, es natural que intentemos que se sientan cómodos. Esto es especialmente cierto para los introvertidos que sienten necesidad por agradar a los demás. Pero esto no es fácil porque se necesita mantener una actitud de felicidad todo el tiempo para lograrlo. Es necesario hacer un gran esfuerzo para agradar constantemente y, a fin de cuentas, esto no producirá ningún resultado significativo.

No puede ser amigo de alguien si no se muestra como es realmente, sin embargo, la gente, al intentar atraer nuevos amigos, tiende a ocultar sus peculiaridades y aspectos negativos, presentando solo su lado positivo al inicio de la relación. Literalmente crean una fachada, y todos sabemos que mantener una fachada durante mucho tiempo no solo es difícil sino imposible. Si hace eso, pronto comenzará a odiar a sus amigos porque la fachada le hará sentir miserable. Absorberá su energía y lo dejará cansado y vacío.

Por lo tanto, en lugar de proyectar una imagen ficticia de sí mismo solo para agradar a la gente, trate de presentar su verdadero "yo". Tenga confianza en sí mismo y no se preocupe si la gente no le aprecia al principio. Su vulnerabilidad le permitirá conectar con otras personas de manera efectiva.

• **Formule Preguntas**

Hay dos cosas muy obvias en relación a esto: a las personas les encanta hablar de sí mismas y a los introvertidos les gusta escuchar y contemplar. Puede utilizar estos dos factores a su favor. Siempre que conozca gente nueva, hable unos minutos sobre sí mismo y luego haga preguntas sobre ellos. Seguramente apreciarán su interés por ellos mismos y podrá mantener una conversación exitosa. Use sus habilidades de escucha activa para cubrir sus no tan potentes habilidades verbales.

• Note Cómo se Siente

Esta es una excelente manera de probar si le gusta pasar el rato con su nuevo amigo o no. Cuando pasa el rato con esta persona, ¿se siente increíblemente cansado o se siente feliz y quizás con energía? Como introvertido, es perfectamente natural sentirse un poco cansado después de pasar tiempo con una nueva persona, pero este cansancio suele ser agradable. Si se siente excesivamente cansado e incómodo, quizás la nueva amistad no sea la más adecuada.

Las personas con grandes necesidades emocionales generalmente buscan introvertidos para volcar su bagaje emocional. Como los introvertidos son buenos oyentes, las personas emocionalmente necesitadas tienden a usarlos como cajas de resonancia o, a veces, como un saco de boxeo metafórico. Los introvertidos, que prefieren que otros inicien el contacto, se sienten felices en esta relación al principio, pero con el tiempo se dan cuenta de que no son realmente amigos de la persona. Si alguna vez se ve atrapado en una situación de este tipo, se recomienda que retroceda gradualmente y rompa los lazos con él o ella suavemente. No necesita relaciones que le agoten.

• Sensación de Incomodidad

Muchos introvertidos tienden a mantenerse alejados de las personas porque se sienten incómodos con los demás. Incluso cuando conocen gente nueva, mantienen ocultas sus características positivas, como una personalidad divertida o peculiaridades agradables. Su verdadero yo solo sale a la luz cuando se sienten cómodos con la otra persona. Pero de esta manera puede perder la oportunidad de conocer gente nueva.

No se preocupe si se siente incómodo con una persona al principio: con el tiempo se sentirá más cómodo y empezará a disfrutar de la compañía de su nuevo amigo o amiga.

- **Quedadas**

No puede ser amigo de una persona si no queda con él o ella de vez en cuando; pídale a su amigo que quede con usted para salir al menos una vez a la semana. Un simple almuerzo los fines de semana será suficiente. También puede asistir a una "quedada grupal" organizada para poder conocer gente nueva. Es recomendable programar las "quedadas grupales", de esta forma podrá llevar una rutina. *A los introvertidos les encantan las rutinas.*

- **Avance Despacio**

Las amistades no ocurren de la noche a la mañana, especialmente en el caso de los adultos. Se necesita tiempo para que una relación madure y se desarrolle correctamente. No intentes forzar una amistad. Deje que se desarrolle gradualmente; una amistad desarrollada gradualmente siempre será mejor que una simple relación de la noche a la mañana.

Recuerde, la calidad de los amigos es más importante que la cantidad de amigos. Es mejor tener un círculo pequeño de amigos extremadamente cercanos y confiables que tener muchos conocidos superficiales.

Hacer Amigos en el Mundo Moderno

A las personas introvertidas les resulta bastante difícil hacer nuevos amigos, especialmente cuando se sienten obligadas a hacerlo. Puede ser una experiencia bastante agotadora. En la sección anterior, vimos algunas pautas con las que un introvertido puede hacer nuevos amigos. Pero hay muchas otras formas que pueden ayudarlo a hacer nuevas amistades. Las tecnologías actuales pueden hacer que sea más fácil hacer nuevos amigos. Encontrar amigos en Internet se ha vuelto bastante sencillo, aunque llevar esa amistad de la red a la vida real puede ser bastante difícil. En esta sección, vamos a describir cómo puede usar la tecnología a su alcance para hacer amigos por Internet y convertirlos en amigos también en la vida real.

- **Escribir en un Blog**

Los blogs son una excelente manera de expresarse y presentar sus ideas al mundo. Mucha gente lee blogs con frecuencia, aunque solo unos pocos comentan sobre ellos. Los blogs no están destinados a ser una forma de conversación unidireccional. Puede ponerse en contacto con el escritor del blog y mostrarle su aprecio comentando cosas positivas sobre el mismo. También puede utilizar esta sugerencia para encontrar y hacer nuevos amigos. Con solo leer los blogs y comentarlos, puede comenzar a formar relaciones muy positivas. Luego puede continuar esas amistades a través de correos electrónicos y redes sociales.

Algunas personas tienden a usar los blogs como caja de resonancia donde simplemente expresan sus ideas. No quieren comentarios ni respuestas a su contenido. Pero la mayoría de los escritores de blogs aprecian cuando las personas comentan en sus blogs y felicitan su arduo trabajo. Si comenta con frecuencia en blogs concretos, finalmente acabará formando un vínculo con el escritor.

- **Unirse a Grupos de Facebook**

Los grupos de Facebook se han convertido en una excelente manera de conocer personas que piensan igual y les gustan las mismas cosas. Encontrar nuevos amigos es bastante fácil en las redes sociales. Es sencillo hacerse amigo de personas con ideas afines. Únase a algunos grupos relacionados con las cosas que le interesan. Por ejemplo, un grupo de lectura, un grupo de cocina o un grupo de películas pueden ayudarlo a hacer amigos con facilidad. Simplemente publique sus experiencias en el grupo y comente las experiencias de otros. Demuestre que está realmente interesado en hablar con la gente e interactuar con ellos.

Muchas personas han encontrado amigos para toda la vida con la ayuda de Facebook y otros sitios y aplicaciones de redes sociales. Hay muchos grupos en Facebook que son especialmente buenos para los introvertidos. Búsquelos y disfrute haciendo nuevos amigos.

- **Twittear**

Otra excelente manera de conocer gente nueva y hablar con ellos en línea es Twitter. Twitter puede ser bastante abrumador, especialmente al principio, porque se mueve rápidamente y hay un límite de texto. El concepto de MD (mensaje directo) puede resultar bastante confuso, aun así, Twitter es una excelente manera de conectarse con la gente si usted es introvertido.

Twitter es especialmente bueno para los introvertidos porque le permite escuchar sin tener que hablar con la gente. Como quedó suficientemente claro antes, a los introvertidos les encanta escuchar. Twitter puede permitirle escuchar a las personas "siguiéndolas". Puede mantenerse al día sin tener que hablar con ellas todo el tiempo. También puede conocer físicamente a las personas con las que entable amistad en Twitter. De esta manera, podrá encontrar amigos "reales" fácilmente.

- **Chats de Twitter**

Una vez que comprenda cómo funcionan los "siguientes" y las "listas" en Twitter, puede comenzar a utilizar otras opciones. Por ejemplo, Twitter se puede utilizar para tener algunas interacciones significativas y también puede usarlo para construir relaciones excelentes. Para hacer esto, puede usar la opción de chat de Twitter para conocer gente nueva y hablar con ellos.

Los chats de Twitter son comparativamente más fiables que conocer gente en bares. Puede conectar con la misma persona una y otra vez y formar una gran relación con ella. Si le resulta difícil manejar el chat de Twitter en su dispositivo móvil, déjelo y simplemente use su ordenador. La interfaz es mucho mejor en el ordenador que en los dispositivos móviles.

- **Videollamadas**

Las plataformas de videoconferencia como Google Hangouts, Skype y Zoom son excelentes servicios con los que conocer y hablar con gente nueva. Estos servicios pueden permitirle estar en su zona de confort y hacer nuevos amigos sin ningún problema. Puede sentarse en la oficina de su casa o en su dormitorio y hablar con personas de todo el mundo. Literalmente, puede estar sentado en una esquina de los EE. UU. y hablar con una persona sentada en Indonesia.

Skype y las videollamadas son buenísimas formas de conectar con otras personas y para compartir charlas con amigos de otra parte del mundo.

- **Contratar**

Otra forma de conocer gente nueva y hacerse amigo o amiga de ellos es contratándolos. Si tiene una pequeña empresa, puede contratar nuevos empleados y hacer amistad con ellos. Esta opción no siempre es factible, ya que la gente no trabaja gratis. Por lo tanto, siempre que necesite un nuevo empleado, por supuesto, tendrá que gastar una cierta cantidad de dinero en sus servicios. Pero si puede contratar a algunas personas, será una gran experiencia, ya que podrá formar un vínculo fuerte con ellas.

Si no tiene un negocio propio, puede hacerse amigo de sus colegas en el trabajo. Atrás quedaron los días en que la gente pensaba que ser amigo de los compañeros del trabajo era una mala decisión. ¡Adelante, hágase amigo de ellos!

- **Pedir a un Amigo que le Presente a Gente**

Esta es otra genial manera de hacer nuevos amigos. Si quiere ser amigo de alguien, pero no lo conoce, puede pedirle a un amigo en común que se lo presente. A la gente le encanta ayudar a otras personas porque las hace sentir importantes. Si le pide a alguien cortésmente que le presente a otra persona, él o ella estarán encantados de hacerlo.

Puede hacer esto con frecuencia para hacer nuevos amigos. Incluso si no termina siendo amigo de la persona, aún puede agregarla como contacto. Sin duda, valdrá la pena a largo plazo. Pedirle a alguien que le presente a otra persona también le permitirá formar un vínculo estrecho con el primero. Este método puede producir resultados duplicados.

- **Asistir a Conferencias**

Si ha agotado el recurso de conocer gente en Internet y ahora quiere conocer gente físicamente, existen muchos métodos útiles para hacerlo. Atrás quedaron los días en los que solo podía conocer gente en bares y clubes. Ahora puede conocer gente y hacer amigos en cualquier lugar. Cada mes, se llevan a cabo muchas conferencias y convenciones diferentes. Simplemente encuentre algunas convenciones que le parezcan interesantes y asista a ellas. En estos lugares podrá encontrar gente nueva y hablar con ellos. Esta es una excelente manera de hacer nuevos amigos y quizás también de ponerse en contacto con sus viejos amigos al encontrarlos allí porque tienen intereses mutuos.

- **Presentar unas Personas a Otras**

Si le resulta imposible encontrar a alguien que le presente a un nuevo amigo o amiga, entonces puede optar por presentar unas personas a otras usted mismo. De manera que, si siente que dos personas deben conocerse porque disfrutarán siendo amigos, simplemente preséntelas. Actuará como una especie de casamentero de amigos. De esta forma, podrá conectarse con muchas personas y podrá formar vínculos fuertes con ellos. Cuando se conecta con otros, estos también se conectan con usted. Por lo tanto, termina haciendo nuevos amigos en todas las direcciones.

Así que, en lugar de poner excusas, levántese y salga de su casa (o no) e intente hacer nuevos amigos. Si no se esfuerza, no podrá hacerlos. Utilice las nuevas tecnologías y comodidades que se mencionan en este libro para abordar el mundo de la amistad adulta. No se preocupe, con mucho tiempo y paciencia podrá forjar vínculos sólidos para toda la vida sin ningún problema.

Capítulo Catorce: Los Introvertidos en el Ámbito Profesional

Los introvertidos que trabajan en oficinas tienden a estar rodeados de compañeros y empleados durante todo el día. La gente tiende a intercambiar historias, conocer personas nuevas, hacer amigos, establecer lazos, etc. Es muy positivo para usted si se une a esas conversaciones y forma nuevas amistades en su lugar de trabajo. Estos contactos son cruciales si desea ascender por la escalera del éxito. Pero la mayoría de los introvertidos no pueden hacer esto, ya que tienen miedo de acercarse a extraños y hablar con ellos.

Alrededor de un tercio o más de las personas que conoce son introvertidas. Estas personas prefieren entornos y eventos íntimos en lugar de las reuniones grandes que disfrutan los extrovertidos. No les gustan los ambientes excesivamente estimulantes y ruidosos. Pero en general, la sociedad está más alineada con los extrovertidos ya que los protocolos sociales están diseñados para ellos. Esto es especialmente cierto en el mundo profesional, donde los introvertidos son tratados como ciudadanos de segunda categoría.

Pero no importa. Debe esforzarse y trabajar duro si quiere tener éxito en el mundo empresarial, especialmente si es introvertido. Necesita poner de su parte para conocer a sus colegas laborales. En esta sección, consideraremos algunos consejos que pueden ayudarlo a tener éxito en un entorno profesional.

Sea Usted Mismo

Aunque esto puede sonar a cliché, no deja de ser cierto. No puede tener éxito si no es fiel a sí mismo. Culparse todos los días solo porque no es extrovertido no lo llevará a ninguna parte; más bien, le conducirá al desarrollo de más y más problemas. Si bien es cierto que tener algunas características extrovertidas puede ayudarle enormemente en el mundo, intentar comportarse y actuar como lo haría un extrovertido es ilógico e infantil. En lugar de hacer esto, intente resaltar su personalidad introvertida.

Si no se siente cómodo entre las multitudes y prefiere grupos pequeños, no se castigue por ello. No hay nada de malo en sentirse más cómodo en "petit comité". Debe comprender sus características y utilizarlas como sus talentos. Por ejemplo, los introvertidos gozan de grandes habilidades para pensar y escuchar. Puede utilizarlas para formar relaciones sanas, íntimas y duraderas con otras personas. Solo concéntrese en las cosas que importan e ignore las que no.

Redefina su Punto de Vista

Intente redefinir su enfoque hacia la vida y su carrera. Si evita conocer gente porque odia las multitudes, intente reunirse con ellos en entornos más íntimos. Organice sus reuniones en oficinas o acogedores cafés. También puede realizar reuniones en campos de golf o canchas de tenis. Simplemente encuentre un lugar que le resulte íntimo y cómodo. De esta manera, podrá hablar con su interlocutor sin inhibiciones.

Enfóquese en Crear Situaciones Extraordinarias

Según muchos estudios, nuestro cerebro está bien preparado para responder a situaciones nuevas e interesantes. Esto significa que si usted se expone a una situación novedosa puede crear recuerdos emocionantes. Por lo tanto, si desea conocer gente nueva, pero siente que le asusta o se pone nervioso, organice un plan emocionante incorporando algo nuevo. Por ejemplo, si es dueño de una granja, lleve a cabo la reunión en la granja. Pruebe algunas actividades nuevas para que las cosas sean emocionantes y memorables.

Poco a Poco

Si acercarse a la gente e iniciar conversaciones le paraliza, no se preocupe. Simplemente dé pequeños pasos y avance lentamente. Trate de salir de su zona complaciente lentamente, paso a paso.

Comience con una red de seguridad. Inicie la conversación y progrese lentamente. Si encuentra la experiencia intimidante, no se preocupe; siga practicando y siga adelante.

Aproveche el "Efecto Ganador"

El "efecto ganador" provoca que cada vez que una persona gana, su cuerpo recibe un agradable impacto directamente desde el cerebro. Este agradable efecto es excelente porque consigue aumentar su confianza durante un tiempo. Cuanto más gane, más altos serán sus niveles de confianza. Por lo tanto, siempre que planee conocer gente nueva, intente ganar en algo previamente.

Interiorice las Ideas Apropiadas

Recontextualice las cosas. Cuando sienta angustia por algo, trate de pensar en ello desde un punto de vista positivo. Esto puede ayudarlo a mejorar su forma de actuar. Por ejemplo, si odia hablar y generalmente se pone nervioso con las reuniones, no hable mucho; en cambio, escuche y haga algunos comentarios interesantes y hábiles. De esta manera, podrá participar en la conversación sin sentirse presionado. ¡También podrá prescindir de participar en las charlas superficiales!

Pídale a un Amigo que le Presente

Si desea hablar con alguien en un evento social, pero tiene miedo de hacerlo, no se agobie. Simplemente pídale a un amigo que se lo presente. Iniciar una conversación puede ser difícil, razón por la cual muchos introvertidos no hacen el esfuerzo. En lugar de forzarse a hacer algo que les cuesta tanto, los introvertidos suelen optar por quedarse en un rincón y no hablar con casi nadie. En lugar de hacer esto, explíquele la situación a un amigo y pídale que le presente a esa persona. Con esta simple pero efectiva pauta, podrá hablar con él o ella y hacer un nuevo contacto sin tener que enfrentar ningún malestar emocional severo.

Si Todo Falla, Pida Ayuda Externa

Si ha probado todas las opciones anteriores, pero aún no ha logrado su propósito, no hay problema; hay otras alternativas que puede probar. Una forma sencilla de conocer gente nueva, como hemos mencionado, es pedirles a sus actuales amigos que le presenten a otros. Pídale a un amigo o colega de trabajo que le haga de nexo. Así, puede entablar una amistad con la persona nueva y estrechar lazos con su amigo.

No importa si es extrovertido o introvertido. Cualquiera puede encontrar amigos, contactos, gente de referencia y buenas influencias, cercanos y para toda la vida a través de otros, pero requiere esfuerzo. Pruebe estos consejos hasta descubrir cuáles le convienen más en su caso particular; seguramente le ayudarán a sentirse más cómodo con la gente, y a hacer nuevos amigos en poco tiempo.

Capítulo Quince: Consejos para Mantener sus Relaciones

Las relaciones son a menudo emocionantes, pero también pueden ser difíciles e intimidantes, sobre todo para los introvertidos que no saben cómo iniciar el contacto. Los introvertidos sienten múltiples emociones cuando intentan conectar con alguien a un nivel sentimental. Mientras que los extrovertidos solo sienten la excitación y la sensación de mariposas en el estómago asociados con el amor, los introvertidos pueden sentir nerviosismo, miedo y ansiedad. La idea de entablar una relación es fascinante, pero también puede ser embarazoso, aterrador y extraño para los introvertidos.

La mayoría de los introvertidos quieren tener una relación romántica fuerte y cercana, pero generalmente no están seguros de cómo hacerlo. Algunos creen que las citas solo pueden funcionar para ellos si encuentran a su alma gemela. Debido a esta búsqueda de su media naranja perfecta, tienden a perder muchas buenas oportunidades para conocer gente excelente. La realidad es que los extrovertidos pueden conocer a grandes personas si comienzan a salir de sus caparazones y hacen un esfuerzo.

En esta sección, vamos a centrarnos en algunos consejos básicos que pueden ayudarlo a lograr y mantener una excelente relación.

Deshágase de las Inhibiciones

Si le gusta alguien y quiere salir con él o ella, no se abrume con un montón de preguntas. Solo sea valiente y directo e invítele a salir lo antes posible. Generalmente los introvertidos tienden a pensar mucho en la posible cita. Sienten miedo porque no saben si funcionará o no, y si creen que funcionará seguramente fantasearán con cómo se convertirá en la mejor relación de su vida. Esta cantidad de conjeturas solo conducirá al desarrollo de problemas importantes. A los introvertidos les encanta analizar el pasado y soñar con el futuro, pero muchas veces esto les hace ignorar el presente. Evite hacer esto.

Avance a Paso Lento

Los introvertidos suelen pensar mucho antes de tomar medidas serias y, en el caso de las relaciones sentimentales, esto puede ralentizar el proceso debido a su tendencia a soñar despiertos. Es habitual que los introvertidos pasen largos ratos pensando sobre el futuro de su relación, y aunque fantasear un poco está bien, trate de no excederse con esto. En lugar de soñar con pasar toda la vida juntos, trate de conocer mejor a su cita. Comprenda sus gustos, pasatiempos, disgustos, metas, trabajo, familia, educación, amigos, etc. Compruebe si sus longitudes de onda coinciden entre sí o no. Evite sacar conclusiones positivas o negativas. Reflexione sobre sus sentimientos y piense en ellos detenidamente. Use la capacidad de pensar propia de su carácter introvertido.

Trabaje la Compenetración

Es fundamental establecer una buena relación con la persona con la que está saliendo. En lugar de concentrarse en sí mismo, trate de concentrarse en su cita. Comprenda sus sentimientos, emociones y pensamientos. Al tiempo que piensa en esa persona, intente también averiguar las ideas que ella o él tiene sobre usted.

Los introvertidos generalmente tienden a *desapegarse* y *apegarse* a las personas demasiado pronto. Trate de mantener un equilibrio o su relación se verá afectada.

Hágase Entender

El carácter de los introvertidos puede resultar confuso para muchas personas. Si su cita no le entiende, es posible que piense que está de mal humor o aburrido. En ese caso, lo mejor es ser honesto y expresarle cómo se siente. Hágale saber que para usted pasar tiempo solo de vez en cuando es crucial y que necesita la energía que obtiene de ese distanciamiento social. Su cita debe conocer el futuro de su relación. Si él o ella comprende sus necesidades, ¡genial! Si no es así, es mejor seguir adelante cuanto antes.

Exprese las Cosas que son Importantes para Usted

Los introvertidos y los extrovertidos consideran las mismas cosas de manera diferente. Por ejemplo, las percepciones y valores que tienen los introvertidos son diferentes de las percepciones y valores que poseen los extrovertidos. Si usted es un introvertido saliendo con un extrovertido, siéntese y discuta qué cosas son importantes para ambos individualmente y como pareja. Compartir y ser honesto en una relación es esencial.

No tiene por qué expresarle sus necesidades más íntimas. Puede simplemente hacerle saber las pequeñas cosas, como, por ejemplo, que le gustan las reuniones pequeñas y los lugares tranquilos. De esta manera, su pareja comprenderá sus necesidades correctamente.

Muestre sus Fortalezas

Si se ha formado la idea equivocada de que a la gente no le gustan los introvertidos, ¡olvídela de inmediato! Esta es una creencia falsa que ha sido perpetuada por estereotipos sin ningún fundamento. La gente aprecia a los introvertidos tanto como a los extrovertidos. En lugar de ocultar sus características, muéstrelas. Lleve su carácter introvertido con orgullo. Utilice sus capacidades y conviértalas en sus puntos fuertes. Esto le permitirá ser fiel a sí mismo y hacer que su relación sea exitosa.

Capítulo Dieciséis: Consejos para Cultivar Relaciones Fuertes

En el capítulo anterior, hemos tratado lo difícil que es para los introvertidos entablar relaciones y mantenerlas. Muchas veces los introvertidos no reciben suficiente atención, debido principalmente a que el mundo se centra sobre todo en los extrovertidos y sus necesidades y deseos. Tampoco se suele hablar mucho de ellos. Esto es propio de todos los ámbitos de la vida, ya sea profesional o personal.

Si le resulta difícil entablar o mantener una relación porque es introvertido, no desespere. Utilice estos trucos junto con los consejos mencionados en el capítulo anterior para salir de su caparazón. Estos consejos seguramente le ayudarán a cultivar una buena relación.

- **Conversaciones Significativas**

Estar con su pareja solo por razones superficiales conducirá a resultados catastróficos. Una relación no puede sobrevivir basándose únicamente en gustos triviales. Si desea que su relación funcione, debe comprender todo su conjunto a fondo; debería ser capaz de formar un vínculo profundo y estrecho con su pareja. A los introvertidos les encanta pensar y compartir sus ideas. Aunque no son grandes oradores, les gusta hablar mucho sobre las cosas que les apasionan y, si el tema es interesante, querrán mantener largas conversaciones. Si bien esta idea ha recibido muchas críticas en los últimos años, es totalmente cierta; los introvertidos son "sapiosexuales". Sienten deseo por las personas cultas e inteligentes. Les gusta estar con personas formales, competentes y con clase.

Un introvertido siempre preferirá estar con alguien que sea capaz de ofrecer una buena conversación, antes que con aquellos que solo se interesan por las cosas superficiales. No les gustan las personas halagadoras; por el contrario, prefieren a alguien que los desafíe intelectualmente. Les encanta cuando otros les cuestionan cosas y les hacen reflexionar.

• **Entornos Menos Estimulantes**

Los cerebros de los introvertidos se estimulan fácilmente. Esto significa que no necesitan muchas situaciones estimulantes para ser felices y lograr placer. No les hace falta ir a fiestas emocionantes o grandes reuniones para sentirse felices; de hecho, odian los lugares donde necesitan gritar para hacerse escuchar.

Si usted es un introvertido al que le resulta difícil tener citas, siéntese y trate de encontrar las razones que lo motivan. Muchas veces, los introvertidos evitan las citas porque implican salir de su casa y conocer gente en lugares ruidosos y concurridos como bares y clubes. Estos lugares pueden ser abrumadores para ellos; les agotan la energía rápidamente, y terminan sintiéndose tristes y apesadumbrados.

Si quiere disfrutar de su cita, organice un plan tranquilo. Como persona que se siente desbordada fácilmente, puede ser bastante abrumador tener su cita en un lugar muy ruidoso o concurrido, como un parque de atracciones o un concierto. En lugar de ir a lugares como estos, intente quedar en otros más tranquilos y silenciosos. Por ejemplo, en lugar de elegir un pub como lugar para la cita, opte por un bar pequeño. En lugar de visitar ese popular y gigante restaurante de comida rápida, ¿por qué no ir a un restaurante pequeño y relativamente desconocido donde la comida es deliciosa y el ambiente es tranquilo? Los lugares de sus citas son bastante importantes porque le permiten estudiar a su pareja. Le permiten comprender su personalidad y le hacen sentir cómodo y relajado. Una persona que está relajada y cómoda piensa con más claridad que una persona ansiosa y asustada.

- **Ir Despacio**

A los introvertidos les gusta tomarse las cosas con calma. Prefieren tener varias citas y comparar antes de decantarse por una pareja. Un introvertido necesita recopilar información sobre su pareja y comprender sus motivos, objetivos en la vida y su personalidad. Rara vez muestran afecto hacia alguien si no lo entienden y no lo conocen a fondo. Esto puede hacerles parecer extraños al principio, pero eso no importa; aplicando las pautas apropiadas y con paciencia, pueden disfrutar de una cita como es debido. Recuerde, una relación no puede sobrevivir si solo se basa en cosas superficiales; debe centrarse en conocer su relación y su pareja a fondo. Si usted prefiere tomarse las cosas con calma, hágaselo saber a su pareja; en caso de que esté de acuerdo, ¡genial! Si no es así, deberá plantearse sus prioridades.

- **Sensibilidad**

Los introvertidos son sensibles y les gustan las personas con esta característica. Si su pareja no es sensible a sus necesidades y deseos, la relación no sobrevivirá. Debe tener presente que no es aconsejable que reprima sus emociones porque de hacerlo finalmente explotarían. Necesita encontrar una pareja que sea sensible del mismo modo que usted. Esto no significa que deba buscar a un introvertido, ya que muchos extrovertidos también pueden ser bastante sensibles. Pero hay que tener en cuenta que los introvertidos intentan mantenerse alejados de los conflictos, por tanto, si usted y su pareja discuten mucho, quizás deba reflexionar sobre eso.

• Tome Distancia de sus Pensamientos

Los introvertidos tienden a pensar y analizar demasiado las cosas. Para ellos es difícil concentrarse en el momento presente, especialmente porque su mente, llena de pensamientos, salta de un punto a otro. Es un fenómeno natural y es parte de ser introvertido. Si a su cita le parece una tontería, hágale saber por qué es así; él o ella lo entenderá. La mayoría de las veces, cuando usted se evade del momento, es porque está pensando en qué decir a continuación o cuál debería ser su próximo movimiento. Esto es importante porque le permite controlar el ritmo de su relación y tener la situación bajo control.

• Leer Entre Líneas

A los introvertidos les gusta leer entre líneas porque así descubren cosas que la conversación no revela. Las personas introvertidas nacen con grandes habilidades de pensamiento y observación y están muy centradas en las cosas que les gustan; además son sutiles y discretas. Utilice estas capacidades para entender a su pareja, percibiendo los matices de la conversación. Observe el lenguaje corporal y los gestos, preste mucha atención a lo que dice y la forma en que lo dice. Incluso las señales más pequeñas pueden ayudarlo a comprender si hay algún futuro en su relación o no. Si alguna vez percibe ciertas señales de alerta o siente que la relación no va bien, siga adelante y encuentre a alguien mejor. Si encuentra que su pareja es conflictiva en la primera cita, seguramente la encontrará conflictiva en todas las citas futuras. En consecuencia, en lugar de darle a la gente el beneficio de la duda, simplemente siga adelante.

• Necesidad de Espacio

Los introvertidos necesitan mucho espacio y tiempo para pensar las cosas. Usted necesita soledad para reflexionar sobre los asuntos de su vida. Esta soledad es fundamental porque le permite recargar energía. Sin energía, no puede tener una cita apropiada, ya que no puede hacer preguntas o responderlas con naturalidad y soltura. Su pareja debe entender que necesita su tiempo de soledad de vez en cuando. Si le parece que su pareja es demasiado controladora o autoritaria, es mejor interrumpir la relación de inmediato. Una relación agobiante le hará sufrir y le hará esconderse profundamente dentro de su caparazón. Si alguna vez siente que su pareja está siendo demasiado posesiva con usted, avísela. Si trata de cambiar su comportamiento, no hay problema, pero si no lo hace, siga adelante.

• Tiempo de Calidad

No importa la cantidad de horas que dure la cita, si no la encuentra interesante, probablemente nunca volverá a quedar con él o ella. Para los introvertidos, la calidad es más importante que la cantidad. Si le gusta una persona y tiene una cita con ella en la que se da cuenta que no le agrada su conversación, siga adelante. De lo contrario sufrirá a largo plazo, ya que no podrá pasar tiempo de calidad con esa persona. Usted, como introvertido, necesita una pareja con una conversación interesante, ya que una charla superficial no lo llevará a ninguna parte. Si su pareja no puede mantener su interés, ni siquiera por unos minutos, está muy claro que no hay futuro para esa relación. Es mejor seguir adelante cuanto antes y no demorar lo inevitable.

• Sea Usted Mismo

Vivimos en un mundo obsesionado con la superación personal. Todo el mundo está tratando de mejorar todo el tiempo y trabaja para su propia superación. Por supuesto que es recomendable trabajar en la superación personal, pero es necesario comprobar qué cosas se incluyen en el término general de "superación personal". Por ejemplo, los introvertidos a menudo se ven obligados a adoptar las características de los extrovertidos porque la gente cree que estas características son mejores que las que tienen los introvertidos. Desde la infancia, los introvertidos se ven obligados a comportarse y ser moldeados de tal forma que terminan siendo falsos extrovertidos. Como ya se mencionó, esto es imposible; los introvertidos no pueden volverse extrovertidos o viceversa. Este proceso deshumanizador no puede tener cabida en la sociedad de hoy en día. Si usted, cuando era niño, atravesó ese trauma, es posible que aún lo esté sufriendo. En ese caso no se preocupe, pero trate de no llevar ese trauma consigo a donde quiera que vaya; lo importante es que intente ajustar su perspectiva y lo aborde como un problema.

En lugar de tratar de impresionar a su pareja mostrándole lo extrovertido que es, acepte su verdadera personalidad y sea usted mismo. No oculte su verdadero carácter. Sea valiente y deje volar la belleza de la introversión.

• No de Nada por Sentado

No asuma nada cuando salga con alguien. Utilice sus instintos introvertidos; siéntese y relájese, pensando y reflexionando sobre sus ideas. El silencio puede ser bastante confuso para los extrovertidos, así que hágale saber a su pareja que le gusta el silencio y que no significa nada negativo. Debe permitir que su pareja comprenda que es introvertido y que mira al mundo desde un punto de vista diferente. No suponga que él o ella estará listo o lista para adaptarse a usted. Muchos extrovertidos, e incluso muchos introvertidos, no saben cómo lidiar con los introvertidos. Eso no es ninguna sorpresa porque el mundo gira en torno a los extrovertidos. Por lo tanto, en lugar de forzar a su pareja para que lo comprenda, o asumir falsamente que lo comprende, trate de hacerle ver la naturaleza de su personalidad. No se trata de advertir a la otra persona por su introversión. Más bien, es ser resuelto y tener confianza en su verdadero "yo". Recuerde, nadie le aceptará si no se acepta a sí mismo.

Capítulo Diecisiete: Optimizar sus Características de Introvertido

Cada persona nace con su carácter propio, con rasgos y características particulares que pueden ayudarle a avanzar en la vida u obstaculizar su progreso. Los introvertidos poseen varias características que a menudo se infravaloran en el mundo actual. Pero usted, en lugar de ignorar estas características, puede usarlas y modificarlas de tal manera que puedan permitirle lograr sus objetivos. En este capítulo veremos cómo puede beneficiarse de sus rasgos introvertidos.

Opciones Profesionales para los Introvertidos

Encontrar una buena opción profesional suele ser difícil para los introvertidos debido a las peculiares características y rasgos que poseen. La introversión no es un concepto único; más bien, es un conjunto de varios rasgos emocionales y de personalidad que están presentes o ausentes en las personas en diversos grados. Esto dificulta en gran medida la tarea de comprender a los introvertidos. La introversión se puede dividir en varias categorías, siendo las más comunes como ya hemos visto anteriormente, reflexivo, ansioso e inhibido. Para elegir una carrera profesional, primero, averigüe qué tipo de introvertido es.

En esta sección, encontrará una larga lista de opciones profesionales que son adecuadas para los introvertidos. Para comodidad del lector, estas opciones se dividen de acuerdo con los tipos de introversión mencionados anteriormente. Recuerde que estos tipos tienden a superponerse unos a otros, y nadie puede proclamarse con certeza perteneciente a un único grupo. Por lo tanto, debe seleccionar las opciones laborales de acuerdo con su estilo de personalidad.

Atrás quedaron los días en que se pensaba que los introvertidos solo eran válidos para ciertos trabajos mal pagados. Ahora es bien conocido que los introvertidos pueden resultar una ventaja si se sabe cómo usarlos. La variedad de opciones profesionales que se ofrecen en esta sección demuestra el hecho de que los introvertidos tienen muchas alternativas en las que pueden ubicarse y realizar un buen desempeño con facilidad.

Recuerde que esta sección es solo para lectura. Siempre se recomienda ponerse en contacto con un consejero profesional antes de elegir cualquiera de las siguientes opciones como su trabajo permanente. De esta manera, podrá comprender si realmente tiene vocación para ese determinado puesto.

Profesiones para el Introvertido Social

La introversión social suena bastante paradójica porque los introvertidos son precisamente conocidos por evitar los entornos sociales. Aunque puede resultar confuso, este término se refiere a los introvertidos a quienes no les gusta involucrarse en situaciones sociales y a quienes les gusta vivir en soledad. Es de todos conocido que los introvertidos necesitan la soledad porque les permite recargarse y desconectar. En caso de que les sea imposible encontrar ese "tiempo a solas", preferirán estar en un grupo reducido de personas en lugar de rodearse de una gran multitud.

Cabe señalar que los introvertidos que entran en esta categoría enfrentan poca o ninguna ansiedad social; simplemente se inclinan a elegir reuniones sociales más pequeñas porque se sienten más cómodos.

Es un hecho que los introvertidos sociales son bastante leales; conocen y entienden sus propios límites y los de los demás. Siempre eligen desarrollar relaciones sólidas con las personas en lugar de atacarlas o ignorarlas, y rara vez aceptan nuevos amigos en su círculo social; pero si una persona se convierte en parte de su círculo íntimo, nunca más se sentirá sola porque a los introvertidos les encanta cuidar de sus amigos.

Los introvertidos sociales son bastante complejos, por lo que hay muchas opciones de trabajo disponibles.

Si usted tiene este tipo de personalidad, es importante que preste mucha atención a las características de sus posibles entornos laborales. Mucha gente que es introvertida social tiende a preferir trabajar desde casa o espacios similares. La mayoría trata de evitar los lugares de trabajo que son demasiado ruidosos o concurridos. Nunca elegirían trabajar en un lugar que no les ofreciera privacidad. Por suerte, su carrera laboral no depende en exclusiva de este factor. Puede obtener este tipo de condiciones en muchas profesiones diferentes si su jefe comprende sus necesidades.

Además, existen muchas profesiones en las que no es necesario interactuar con mucha gente de todos modos. Muchas de estas carreras laborales incluyen puestos de trabajo y ocupaciones basadas en habilidades. Echemos un vistazo a algunas buenas opciones profesionales para los introvertidos sociales.

• **Administrador de base de datos**

Estos empleados son responsables del manejo de datos en grandes empresas, industrias y oficinas. Es un trabajo bien pagado.

- **Chef privado**

La naturaleza de este trabajo depende de dónde decida trabajar. Por ejemplo, si usted se convierte en chef privado de un multimillonario, cobrará bien por preparar comida exótica para una sola persona o familia, con alguna fiesta ocasional quizás.

- **Ingeniero técnico electrónico**

No tendrá que hablar con mucha gente en este trabajo y podrá dedicar bastante tiempo a ejercitar sus habilidades de pensamiento preciso y resolución de problemas.

- **Diseñador gráfico mecánico**

Esta es una gran opción para las personas con inclinaciones artísticas y orientadas a los detalles.

- **Delineante**

Esta es ideal para las personas a las que se les da bien gestionar y planificar. También es una opción satisfactoria para los introvertidos que están interesados en la cultura y el arte.

- **Fontanero**

La fontanería no implica hablar mucho con extraños y es una excelente opción de trabajo para las personas a las que les gusta arreglar cosas.

- **Conductor comercial**

Aunque los conductores, especialmente los conductores comerciales, deben enfrentarse a muchos extraños todos los días, no importa porque no tienen que interactuar con ellos.

- **Mecánico de maquinaria industrial**

Los mecánicos de maquinaria industrial no necesitan interactuar con muchas personas y, a menudo, pueden elegir sus horas de trabajo.

- **Mecánico de equipos pesados**

Al igual que los mecánicos de maquinaria industrial, los mecánicos de equipos pesados no necesitan hablar con mucha gente y pueden trabajar bajo sus propias condiciones.

- **Investigador privado**

Ser un detective privado fue una vez una de las ocupaciones más glamurosas. Una de sus grandes ventajas es que puede trabajar solo, sin necesidad de tener un socio o empleados.

- **Electricista**

Los electricistas disfrutan de entornos de trabajo muy parecidos a los de los mecánicos de maquinaria industrial y equipo pesado.

- **Intérprete o traductor**

La traducción implica pensamiento y precisión. Puede ser traductor verbal, o si no le gusta hablar y conocer gente, puede traducir trabajos escritos.

- **Carpintero**

Los carpinteros ganan bien y, si le encanta el bricolaje, puede convertir su pasatiempo en una profesión.

- **Camionero**

Los camioneros generalmente viajan solos. Además, este trabajo permite realizar otros pasatiempos mientras se desempeña.

- **Mecánico de lanchas**

Este trabajo también proporciona mucha privacidad y paz.

- **Soldador**

Este es igualmente ideal para personas introvertidas que aprecian la paz y la soledad.

- **Técnico dental**

Si bien esta opción implica tratar con gente, puede evitarlos concentrándose en su trabajo.

- **Mecánico de motos**

Esta es una gran alternativa para los introvertidos que son hábiles con las manos.

- **Mecánico de equipos pequeños**

Esta es una gran opción de trabajo para los introvertidos a los que les gustan las máquinas.

- **Entrenador de mascotas**

Por lo general, a los introvertidos les encanta pasar tiempo con los animales más que con los humanos. Esto se debe a que los animales no pueden hablar y nunca juzgan.

- **Panadero**

La panadería es un arte que implica precisión, pensamiento y pasión. Si es un gran panadero, ¿por qué no convertir su afición en su profesión?

Profesiones para el Introvertido Reflexivo

A diferencia de los introvertidos sociales, a los introvertidos reflexivos no les importa la interacción social. Aunque no se desviven por conocer gente, tampoco les importa especialmente. Sus niveles de energía no se agotan rápidamente después de conocer a otras personas. Una característica importante del introvertido reflexivo es que es muy introspectivo.

Los introvertidos pertenecientes a esta categoría tienen una imaginación y un sentido de la creatividad muy desarrollados. Por lo general presentan pensamiento lateral; pueden ver el panorama general y sacar nuevas ideas e innovaciones. También es importante destacar que son buenos oyentes. No solo escuchan, sino que también respetan las ideas de otras personas. No es de extrañar que de forma habitual veamos a los introvertidos reflexivos en campos como la tecnología, la ingeniería, el arte, el diseño, etc. Algunas grandes profesiones para los introvertidos pensadores incluyen:

- **Ingeniero aeronáutico**

Esta profesión se adapta bien a las personas a las que les gusta construir cosas nuevas y pensar en nuevas ideas.

- **Ingeniero medioambiental**

Esta es una buena opción para introvertidos reflexivos que quieran ser innovadores.

- **Ingeniero industrial**

Esta es una buena alternativa para los introvertidos a quienes les gusta ser resueltos y creativos.

- **Ingeniero civil**

Si le gusta la planificación y la precisión, esta es una buena opción para usted.

- **Programador informático**

La programación requiere mucha paciencia y reflexión, por lo que es un trabajo muy adecuado para este tipo de introvertidos.

- **Desarrollador web**

Como la programación, el desarrollo web requiere paciencia y reflexión, además de creatividad.

- **Diseñador de videojuegos**

Si posee creatividad y talento artístico, tienen mucho que ofrecer en este campo.

- **Diseñador de moda**

Perfecto para quienes desean crear e innovar para demostrar sus talentos.

- **Diseñador de interiores**

Esta profesión requiere habilidades de escucha activa y paciencia.

- Diseñador gráfico

Este es un trabajo muy apropiado para los introvertidos, ya que puede disfrutar de su privacidad mientras trabaja.

Profesiones para el Introvertido Ansioso

Los introvertidos ansiosos, al igual que los introvertidos sociales, prefieren estar solos. Pero a diferencia de los últimos, este deseo de estar solos proviene de la ansiedad que les generan otras personas y sus percepciones. Los introvertidos ansiosos generalmente son tímidos y reservados, especialmente en las situaciones sociales. Suelen preocuparse mucho por su pasado y su futuro, lo que les hace ignorar su presente.

Algunas personas pueden incluso sentirse débiles y enfermas debido a su ansiedad social. Pero, si bien es cierto que hay muchos aspectos negativos asociados con este tipo de introversión, también hay muchos aspectos positivos. Los introvertidos ansiosos están extremadamente orientados a los detalles y adoran la planificación y la precisión. También están muy centrados. Esto los hace adecuados para muchas profesiones diferentes que requieren precisión, enfoque y planificación.

Muchas opciones para esta categoría incluyen trabajos que necesitan mucha planificación y pensamiento crítico. Estos trabajos tienden a estar muy orientados a los detalles y muchos implican salvar vidas de personas. Aquí hay una lista de algunas de las opciones profesionales que pueden ser apropiadas para los introvertidos ansiosos:

- Estadístico

Ser un estadístico implica muchos cálculos precisos que pueden ser difíciles de entender para otros.

- **Piloto comercial**

Ser piloto comercial requiere una inmensa paciencia y atención al detalle. Un movimiento en falso puede resultar en la muerte de cientos de personas.

- **Escritor técnico**

Los escritores técnicos deben reunir mucha atención para evitar errores. Este trabajo también proporciona a los introvertidos su tan deseada soledad.

- **Contable o auditor**

Al igual que los estadísticos, estos trabajos necesitan la precisión necesaria para realizar cálculos al milímetro.

- **Técnico de laboratorio médico o tecnólogo**

Un técnico de laboratorio médico debe prestar mucha atención a los detalles, por lo que este es un gran trabajo para los introvertidos ansiosos.

- **Mecánico de aeronaves**

Para ser mecánico de aviones también se necesita estar muy orientado a los detalles. Este trabajo es adecuado para las personas que tienen buena capacidad de concentración.

- **Técnico acústico**

Esto requiere la precisión necesaria para realizar ajustes milimétricos.

- **Mecánico de automóviles**

Esta profesión demanda una intensa precisión y atención al detalle.

- **Corrector**

Leer, encontrar errores y corregirlos requiere mucho enfoque y atención prolongada. Este es un gran puesto para las personas que desean trabajar en privado.

Profesiones para el Introvertido Inhibido

Los introvertidos inhibidos tienden a ser relajados y muy reservados. Suelen hacer las cosas a su propio ritmo. No les gusta hablar ni reaccionar de inmediato y prefieren pensar antes de responder. Evitan tomar decisiones precipitadas y actuar antes de analizar las cosas; no les gusta hacer nada sin pensarlo mucho de antemano.

Su naturaleza reservada y su inmensa capacidad de pensamiento permiten a estos introvertidos reflexionar profundamente sobre las cosas. También les proporcionan muchas habilidades de observación y les permiten tener visión de conjunto. En general, tienden a desenvolverse bien en trabajos que les dejan ser la voz de la razón.

A los introvertidos inhibidos les encanta pensar en decisiones y preguntas difíciles. No les importan los grandes desafíos y los manejan con confianza. Ergo, muchos introvertidos inhibidos funcionan bien en campos como el asesoramiento, la ciencia y varios campos vocacionales. Todas estas áreas necesitan un pensamiento crítico. Aquí puede encontrar una lista con algunas opciones profesionales para los introvertidos de este grupo:

- **Físico**

Para ser un buen físico es necesario poseer pensamiento crítico y precisión para buscar ideas y extrapolar indicadores a partir de datos.

- **Astrónomo**

Una gran oportunidad para los introvertidos orientados al detalle a los que les gusta pensar mucho y estar a solas.

- **Geólogo**

Trabajar como geólogo requiere mucha investigación y reflexión.

- **Asesor financiero personal**

Aunque esta profesión implica cierto grado de comunicación interpersonal, aún se recomienda para un introvertido inhibido.

- **Bioquímico o biofísico**

Al igual que los físicos, los bioquímicos o biofísicos necesitan poseer pensamiento claro y preciso.

- **Analista de gestión**

Los analistas de gestión deben prestar mucha atención a los detalles y poseer creatividad.

- **Microbiólogo**

La microbiología requiere grandes dosis de investigación y precisión.

- **Analista de investigación de mercado o especialista en marketing**

Comprender y predecir las tendencias del mercado requiere mucha reflexión.

- **Antropólogo o arqueólogo**

Ambos campos demandan capacidad de investigación y reflexión.

- **Científico para la conservación de la naturaleza**

Requiere mucha concentración.

- **Escritor creativo o de no ficción**

Escribir implica mucho pensamiento, creatividad y concentración.

- **Biólogo de fauna silvestre**

El amor por los animales y la soledad le permitirá triunfar en esta profesión.

- **Consejero de carrera laboral o educación**

Analiza las decisiones laborales de las personas de manera enfocada y precisa.

- **Terapeuta matrimonial o familiar**

Analiza los detalles del matrimonio y la vida matrimonial de la pareja.

- **Consejero de salud mental**

Estos consejeros deben recordar muchos detalles para ayudar a los demás adecuadamente.

- **Consejero de adicciones**

Ser un consejero de adicciones requiere pensar mucho y concentrarse en ayudar a las personas.

Capítulo Dieciocho: El Líder Introvertido

Por Qué Los Introvertidos Son Excelentes Líderes

Durante décadas, la gente ha creído que los introvertidos no pueden ser grandes y competentes líderes porque no poseen las cualidades necesarias para el liderazgo. La gente creía que los introvertidos son incapaces e ineficaces, y que pudieran presentar habilidades de liderazgo no era plausible.

Este mito se originó y se infiltró en la cima del mundo empresarial. De hecho, más del 65% de los ejecutivos *senior* en el mundo occidental creen que la introversión es una mala señal para los compañeros de equipo orientados a los negocios. Piensan que solo el 6% de los introvertidos pueden hacerse cargo de grandes empresas y gestionar un equipo con éxito. Muchos hombres de negocios creen que los líderes deben poseer ciertas cualidades como ser sociable, presentar naturaleza extrovertida y tener habilidades para establecer contactos entre expertos para tener éxito. Dado que estas habilidades generalmente se perciben como inherentes a los extrovertidos y, en general, se piensa que los introvertidos carecen de ellas, muchos líderes descartan a los introvertidos de inmediato al considerar candidatos para puestos de liderazgo. Obviamente, esto es un mito y un punto de vista sin sentido.

¿Qué Significa ser Introvertido?

Los términos "introvertidos" y "extrovertidos" fueron acuñados por Carl Jung en la década de 1920. Los introvertidos son personas que tienden a obtener su energía del tiempo que pasan solos en lugar de socializar. Los extrovertidos, por el contrario, tienden a obtener su energía de la socialización. Los introvertidos son generalmente introspectivos y callados. A menudo son observadores y a veces son tímidos.

Algunas personas creen que los introvertidos y los extrovertidos son como polos opuestos y que existe una gran diferencia entre los dos tipos, pero esto no es cierto; los introvertidos y los extrovertidos integrales no existen. La gente tiende a ubicarse en algún lugar hacia el medio del espectro de ambos tipos de personalidad.

Los introvertidos a menudo son tachados de personas antisociales a las que no les gusta hablar con la gente o estar cerca de otras personas. Por supuesto, esto es falso. Los introvertidos no son necesariamente antisociales. Prefieren la soledad porque les gusta la meditación y pensar en asuntos que son importantes para ellos. Se sienten frescos y renovados cuando pasan tiempo a solas, lo que les permite ver las cosas desde una perspectiva nueva y diferente. Mucha gente sostiene el mito de que ser introvertido significa ser un perdedor y un intelectual inadaptado. Pero esto dista mucho de la realidad. A los introvertidos les gusta pasar tiempo con otras personas, pero a su manera.

Como dijimos anteriormente, nadie es completamente extrovertido o introvertido. Pero según una estimación, alrededor del 33-55% de las personas se inclinan hacia la introversión, aunque esta demografía cambia drásticamente al movernos en el mundo de los negocios. En el mercado empresarial, más del 96% de las personas son extrovertidas. El número es aún mayor hacia las posiciones más altas, lo que demuestra que existe un fuerte prejuicio contra los introvertidos en este entorno. Muchos líderes consideran la extroversión como el mejor rasgo que puede tener esta figura. Este sesgo contra la introversión no solo es perjudicial para los introvertidos, sino que también es perjudicial para el mundo empresarial en sí mismo. Debido a esta falsa creencia, el entorno de los negocios ha perdido a innumerables grandes líderes que podrían haber cambiado el mundo.

Aunque es cierto que ahora se acepta generalmente que existe un sesgo contra los introvertidos en el mundo de los negocios, la pregunta es, ¿cuál es la razón detrás de este sesgo? Para encontrar la respuesta al problema, consideremos la historia que hay detrás.

Qué Entendemos Culturalmente por "Liderazgo"

Las definiciones de "líder" y "liderazgo" varían según el ámbito de aplicación, pero en términos culturales simples, el liderazgo es el proceso a través del cual otras personas son influenciadas de tal manera que trabajan juntas para lograr un objetivo común del grupo.

Originariamente, los líderes estaban destinados a ser personas que animaran a los miembros de su equipo a trabajar colectivamente hacia los objetivos perseguidos por el grupo. Pero con el tiempo, la definición cambió y ahora los líderes son titanes genuinos, carismáticos y resueltos que gobiernan sus equipos. En este paradigma, las habilidades de trabajo en equipo del líder no son tan importantes como la gestión del propio equipo y su imagen pública.

A lo largo del último siglo podemos encontrar docenas de estudios dirigidos a descubrir qué rasgos generan buenos líderes. Si consideramos los resultados de estas pruebas y estudios de forma acumulativa, los rasgos remarcables están presentes en ambos tipos de personalidad, y algunos tal vez se vean más en introvertidos que en extrovertidos. Ninguno de los rasgos va en contra del comportamiento y la actitud típicos de los introvertidos, por lo que es un sin sentido el por qué a los introvertidos todavía no se les ofrecen puestos de liderazgo. La respuesta a este problema son quizás los mitos que rodean la introversión y el liderazgo. Echemos un vistazo a estos mitos uno por uno.

- **Mito #1: A los introvertidos no les gusta el rol de líderes**

Este es uno de los mitos más perpetuados sobre los introvertidos, y es claramente falso. Los introvertidos quieren ser líderes; simplemente no tienen la oportunidad de desempeñar este papel.

Las personas introvertidas están presentes y tienen éxito en casi todos los ámbitos de la vida, ya sea en deportes, artes, negocios, películas, música o política. Muchos líderes introvertidos famosos en estos campos incluyen a Audrey Hepburn, Michael Jordan, Mahatma Gandhi y Albert Einstein. Muchos presidentes importantes de los Estados Unidos de América, incluidos Abraham Lincoln, Thomas Jefferson y Barack Obama, eran introvertidos. Incluso en el mundo de los negocios, muchos líderes destacados, incluidos Mark Zuckerberg, Bill Gates y Warren Buffet, son introvertidos. Esto demuestra que los introvertidos están presentes y tienen éxito como líderes en todos los campos.

Ciertamente pueden desempeñar un rol excelente en cualquier ámbito; solo necesitan aprender a usar sus habilidades correctamente. En lugar de mantener ocultos sus talentos y características, los introvertidos deberían aprovecharlos. De hecho, muchos rasgos introvertidos que generalmente se infravaloran en el mundo de los negocios pueden resultar beneficiosos.

- **Mito #2: Los introvertidos no tienen "don de gentes"**

Otro mito que es muy popular en el mundo de los negocios es que los introvertidos no poseen "don de gentes". Esto se traduce en que no poseen habilidades como la confianza y el carisma que son necesarios para un liderazgo eficaz.

Pues bien, algunas de las investigaciones más recientes dedujeron que, si bien es más probable que una persona carismática sea contratada como CEO, su carisma no garantiza éxito en su desempeño. Esto significa que el carisma no tiene nada que ver con el rendimiento. En los mismos estudios, se observó que a los líderes introvertidos les fue mucho mejor que a los líderes que fueron contratados teniendo en cuenta solo sus carismáticas personalidades.

Es cierto que los líderes introvertidos no suelen ser tan alegres o enérgicos como lo son los extrovertidos, pero su falta de alegría no se correlaciona con sus habilidades de liderazgo. Los líderes introvertidos tienden a estar más en sintonía con sus sentidos y, por lo tanto, pueden leer las señales emocionales de las personas con facilidad.

El área frontal del cerebro de los introvertidos es muy activa. Esta área contiene los lóbulos frontales y el tálamo, áreas responsables de diversas actividades de resolución de problemas y pensamiento; por lo tanto, los líderes introvertidos están mejor equipados para tomar las decisiones apropiadas, incluso en tiempos de crisis.

- **Mito #3: Los introvertidos no son comunicativos**

La forma en que los introvertidos procesan sus ideas, de manera diferente a los extrovertidos, suele resultar confusa para muchas personas. Algunas veces, los extrovertidos no logran comprender este procesamiento interno de ideas; incluso pueden juzgar mal a los introvertidos y pensar que no están interesados en la situación. Los introvertidos son metódicos y les gusta reflexionar sobre las cosas correctamente. Suelen repasar mentalmente diferentes escenarios antes de tomar una decisión, lo cual les permite estar seguros de sus planes. Una vez que están seguros, se los comunican a las personas con total confianza. Esta es una excelente forma de comunicarse con la gente y también es muy adecuado para puestos de liderazgo. De esta manera, los introvertidos pueden presentar sus ideas de una manera más concreta, bien pensada y lúcida.

- **Mito #4: Los introvertidos no trabajan bien en equipo**

A decir verdad, los introvertidos prefieren trabajar solos ya que de esta forma son muy productivos. Pero esto no significa que no puedan trabajar correctamente en un equipo o que no puedan guiar a otros hacia un objetivo colaborativo. Los líderes introvertidos pueden ser especialmente buenos en situaciones difíciles.

Un estudio realizado en la Universidad de Harvard determinó que los líderes extrovertidos son excelentes para los equipos pasivos, pero pueden ser bastante problemáticos para los equipos proactivos. En este último caso, todos los miembros del equipo son tratados por igual y se aceptan las ideas de todos ellos. Los introvertidos son mucho más adecuados para este tipo de equipos; sus habilidades para escuchar pueden ayudar a estos grupos a lograr un mayor éxito. Los introvertidos son más receptivos a las ideas de otras personas.

Recomendaciones para Líderes Introvertidos

Habiendo quedado claro que los introvertidos pueden convertirse en muy buenos líderes, cabe decir que, en la práctica, convencer a la gente de esto puede llevar algún tiempo. Pero no se preocupe, puede seguir adelante, decidido y confiado. La confianza en uno mismo es la clave para ganar en la vida.

Muchos consejos pueden ayudarlo a convertirse en un gran líder introvertido. En esta sección, analizaremos algunos de estos consejos uno por uno.

- **Primero escuchar, luego hablar**

Esta es una tendencia natural de los introvertidos; tienden a escuchar mucho más que a hablar. Es una gran habilidad que se puede utilizar en el mundo empresarial. Si quiere ser conocido y respetado como un gran líder, debe prestar siempre atención a lo que dicen otras personas. Ha de escuchar lo que sus clientes, amigos, empleados y seguidores le expresen. No importa quién sea el mejor orador porque los mejores oradores generalmente no tienen las mejores ideas.

- **Crecerse en tiempos de crisis**

Las crisis y los problemas son algo habitual para todas las personas. Todos afrontamos crisis personales y profesionales de vez en cuando. No importa cuántas crisis enfrente, lo que más importa es cómo las enfrenta y cómo reacciona en los momentos de adversidad. Un líder debe ser la voz de la razón todo el tiempo. Incluso si el barco se está hundiendo, un líder necesita motivar a la gente para salvarlo. Los introvertidos están dotados con buenas habilidades reflexivas y paciencia. Estas dos habilidades son fundamentales en tiempos de crisis.

- **Salir de la zona de complacencia**

Como explicamos en uno de los capítulos anteriores, debe aprender a salir de su zona complaciente. Si quiere ser un líder, tendrá que salir un poco de su zona de confort, pero dejar muy atrás su zona de complacencia. Ser líder implica hablar con las personas y gestionarlas. Aun teniendo en cuenta que es posible que no le guste hablar con la gente, si quiere ser un líder exitoso, tendrá que hacerlo. Incluso si cree que la conversación trivial es inútil y la odia, tendrá que hacerlo de vez en cuando. Si le resulta especialmente difícil hablar en público, asista a clases de oratoria.

Tome la iniciativa en nuevos proyectos y ofrézcase como voluntario para emprender cosas nuevas. Trabaje en sí mismo todos los días y avance progresivamente.

- **Mantenerse en la zona de confort**

A los introvertidos les encanta hablar consigo mismos y meditar las cosas. Estas dos actitudes son cruciales, junto con la soledad, para ellos. Dichas sesiones les permiten reflexionar y relajarse. Un cerebro relajado puede mirar las cosas desde varios puntos de vista y producir excelentes ideas y soluciones. En consecuencia, como líder, siempre reserve algo de tiempo para usted. No es necesario que sea una hora; puede tomar un descanso de 15 minutos simplemente y sentarse solo en silencio. Deje fluir sus pensamientos y deje que su cuerpo se relaje por completo. Si tiene alguna idea mientras hace esto, no se levante hasta que termine la sesión. Una vez finalizada la sesión, puede pasar al siguiente consejo.

- **Escribir**

A los introvertidos, por lo general, se les da mejor la expresión escrita frente a la oral. Es por eso que debe plasmar sus ideas en papel tanto como le sea posible antes de hablar sobre ellas. Tome algunos puntos clave y resáltelos, le ayudará a hablar con claridad y lucidez. Termine siempre sus intervenciones planteándoles a los empleados preguntas desafiantes, ya que eso les ayudará a alcanzar un mejor desempeño.

Es posible que haya notado que ciertos rasgos son comunes tanto en los introvertidos como en los extrovertidos. Los introvertidos también pueden usar sus fortalezas, como la capacidad de escucha activa y la observación, para convertirse en excelentes líderes. Si cree que tiene algunas debilidades, acéptelas e intente trabajar en ellas. Así es como se llega a ser un gran líder.

Capítulo Diecinueve: Los Introvertidos Pueden Cambiar el Mundo

Las personas responsables y comprometidas que sienten que deben aportar algo a la sociedad y a la humanidad, a menudo sueñan con cambiar el mundo. Quieren convertirlo en un lugar mejor y generar cambios positivos en la vida de otros. Si usted es una de esas personas, querrá ver el mundo desde un punto de vista optimista. Seguramente querrá que la gente pueda recordarlo como un pionero innovador que cambió la vida de otros aportando algo beneficioso. Si bien todo esto puede ser bastante fácil para los extrovertidos, gracias a su naturaleza abierta y sociable, puede resultar muy difícil para los introvertidos, especialmente si usted es una de esas personas a las que no les gusta ni la idea de salir. Sin embargo, esto no quiere decir que no pueda marcar una diferencia en la vida de muchos. Todavía es posible.

Si es una persona muy introvertida y socialmente inadaptada que quiere cambiar el mundo, pero no sabe cómo empezar, no se preocupe; no está solo. Hay mucha gente como usted y hay esperanza. En este capítulo, encontrará muchos consejos y sugerencias que puede utilizar para aprender a cambiar el mundo, paso a paso.

Haga la Mayoría del Trabajo por su Cuenta

A los introvertidos no les molesta la gente, pero prefieren hacer las cosas por su cuenta. Esto es consecuencia de que prefieren la soledad y les gusta llevar su propio ritmo y disfrutar de su propio espacio. Si usted realmente desea cambiar el mundo, comprenda sus pros y aborde sus contras.

Aportar algo a la sociedad no significa tener que salir de casa y organizar protestas, sentadas y marchas. Puede cambiar el mundo desde su casa. Trate de encontrar métodos para apoyar los movimientos a los que usted quiere sumarse y que ocurren fuera de su zona de confort. Por ejemplo, si las personas necesitan ropa, puede ayudarlas creando prendas de vestir en su hogar.

Sus Creaciones son su Legado

Los introvertidos suelen poseer talentos artísticos. Si usted posee estas habilidades, puede usarlas para cambiar el mundo. Hay muchas formas en las que puede utilizar el arte para tal fin. Las expresiones masivas de arte callejero, el fotoperiodismo o la redacción de artículos de opinión son excelentes vías para dejar su huella. Si desea algo más específico, puede crear obras de arte enfocadas a la audiencia local. De esta manera, podrá marcar una diferencia que observará de inmediato.

Si no Socializa Demasiado, Interaccione por Medio de la Palabra Escrita

Los introvertidos no siempre son buenos con la comunicación verbal, pero generalmente son buenos con la comunicación escrita. Muchos escritores y autores famosos eran introvertidos. Si se siente abrumado ante la perspectiva de hablar con la gente para cambiar el mundo, considere otras opciones. En lugar de obligarse a hacer algo que le resulte desagradable, elija métodos que le ayuden a lograr los mismos objetivos sin que le incomoden. En lugar de pronunciar discursos en marchas, escriba columnas y artículos. Su escritura puede motivar a otros a seguir adelante y seguir su ejemplo. Así, podrá liderar una revolución sin tener que salir de su zona de confort.

Explore su Entorno

Si decide utilizar su arte para una demostración pública, es mejor explorar el área a fondo antes de elegir un lugar para exhibir su arte. De esta manera, sabrá cuántas personas podrán ver su arte. A los introvertidos no les gustan las multitudes, pero si quieres cambiar el mundo, necesitas atraer a un número significativo de personas hacia tu obra.

Es Aceptable Fallar o Evitar Ciertas Ideas

A los introvertidos les encanta reflexionar y habitualmente llegan a ideas excepcionales, pero muchas veces es difícil hacer realidad estas ideas. Puede que sueñe con hacer documentales y obras de arte que cambien el mundo (y ganen algunos premios), pero esto no es algo sencillo.

El hecho de ser introvertido no significa que todas las ideas que genere sean adecuadas para su personalidad. Muchas veces, los introvertidos obtienen ideas que se adaptan mejor a los extrovertidos. En tales casos, rara vez actúan sobre estas ideas que se acaban extinguiendo. Esto se debe a que el ajetreo y el bullicio involucrados en hacer realidad estas ideas son agotadores, si no imposibles de soportar, para los introvertidos.

Esto no quiere decir que no deba tener metas ambiciosas. Puede que sienta miedo de ellas ahora, pero los tiempos pueden cambiar y podría alcanzarlas con éxito en el futuro. Si cree que su idea es demasiado grande y abrumadora, intente dividirla en trozos y llevarla a cabo paso a paso. O puede dejar de lado la gran idea y comenzar con ideas más pequeñas y simples. Dar pequeños pasos y tener éxito es mucho mejor que dar grandes pasos y fallar.

Acepte sus Dificultades Sociales

Si tiene ansiedad social además de ser introvertido, no se preocupe y, en lugar de ocultarla, acéptela. Use esta dificultad de manera que le ayude a enviar un mensaje a otras personas. Tener ansiedad social y sentirse inadaptado no es algo negativo. Más bien, es un signo de crecimiento y desarrollo. Si siente ansiedad al hacer algo significa que no se siente cómodo con esa acción. Si se siente cohibido mientras ayuda a alguien, no desespere y sobre todo no abandone su labor. Continúe haciéndolo y pronto dejará de sentirse extraño.

La Introversión no es Excusa

No importa si es introvertido o extrovertido, cualquiera puede cambiar el mundo si tiene la dedicación y la pasión necesarias. En lugar de culpar a la introversión por su falta de acción, siéntese y reflexione sobre por qué no está tomando ninguna medida para cambiar el mundo. A menudo, encontrará razones que no están relacionadas en absoluto con este carácter. En lugar de ocultar sus rasgos introvertidos, utilícelos y conviértalos en activos.

Ser introvertido puede marcar una gran diferencia si sabe cómo usarlo. Para cambiar el mundo, debe actuar, y para actuar, debe salir de su zona complaciente. Considérelo como un ejercicio de crecimiento personal. Si intenta cambiar las cosas definitivamente, tendrá la oportunidad de conseguir que cambien. Pero ha de comenzar por intentarlo porque si simplemente acepta la derrota incluso antes de intentarlo, ¡nunca tendrá éxito!

En consecuencia, si quiere cambiar el mundo, comience por cambiarse a sí mismo. Haga el esfuerzo, sea atrevido y tenga confianza en sus capacidades. Dé pequeños pasos si no se siente cómodo haciendo grandes cambios en su vida. Con el tiempo, seguramente podrá aportar grandes cosas a la sociedad.

Conclusión

Con toda seguridad, a estas alturas del libro ya tiene una idea clara de lo difícil y confusa que puede ser la vida para un introvertido. Está llena de contradicciones y situaciones complejas. Por ello no es de extrañar que los introvertidos se mantengan alejados de zonas concurridas y reuniones sociales, ya que estas situaciones parecen diseñadas para los extrovertidos.

Una de las cosas básicas que un introvertido debe tener siempre presente es que la introversión es perfectamente natural. Muchos tratan de cambiarse a sí mismos y se generan una gran presión para convertirse en extrovertidos. Sin embargo, en lugar de tratar de cambiar su personalidad, debería aceptarse a sí mismo y usar sus características como fortalezas. Si abraza sus cualidades puede usarlas en su beneficio.

Este libro contiene una variedad interesante de recomendaciones y trucos que pueden facilitarle la vida como introvertido. Estos consejos han sido puestos a prueba y funcionan. Se recomienda que los practique frecuentemente hasta convertirlos en hábitos y comience a usarlos de una manera más natural e interiorizada.

Recuerde confiar siempre en sí mismo y tener paciencia. Sea usted mismo y el mundo le querrá como es.

Segunda Parte: Ansiedad Social

Cómo Controlar sus Pensamientos Negativos, Superar las Preocupaciones, Desarrollar Habilidades Sociales y Eliminar la Timidez para Poder Tener Conversaciones Casuales con Facilidad

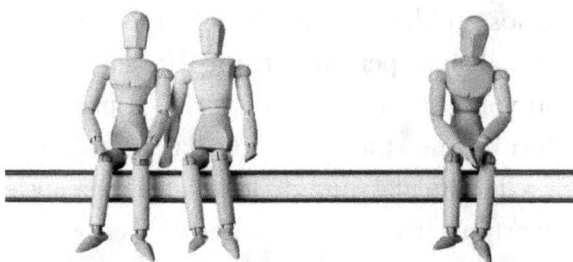

ANSIEDAD
SOCIAL

CÓMO CONTROLAR SUS PENSAMIENTOS NEGATIVOS,
SUPERAR LAS PREOCUPACIONES, DESARROLLAR
HABILIDADES SOCIALES Y ELIMINAR LA TIMIDEZ PARA
PODER TENER CONVERSACIONES CASUALES CON FACILIDAD

DARON CALLAWAY

Introducción

Los tiempos en los que vivimos no tienen precedentes en muchos sentidos y, sin embargo, en el fondo, apenas hemos cambiado durante miles de años. Lo que esto significa es que nuestro estilo de vida, tecnología y muchas otras cosas que dan forma a nuestros días, de alguna manera, nos han superado. Sin duda, la vida moderna ofrece muchas comodidades y ventajas; sin embargo, a menudo nos encontramos naturalmente sin la preparación necesaria para hacer frente a algunos de los desafíos que estas nuevas formas de vida han traído consigo.

Algunos de los problemas que solían ser un fenómeno inusual, y que solo molestaban a personas particularmente desafortunadas, ahora se están volviendo más comunes. Estos problemas incluyen numerosas formas de trastornos de la personalidad y otros problemas de salud mental, uno de los cuales es la ansiedad social. Es una triste y extraña ironía que la ansiedad social sea un problema cada vez más común en una época en la que nuestros medios de comunicación son más avanzados y accesibles que nunca, *y cuando el mundo está interconectado como nunca antes.*

De hecho, muchas personas de todos los ámbitos de la vida parecen tener dificultades con la interacción social hoy en día, por lo que está lejos de estar solo. La interacción social es uno de los aspectos críticos de la experiencia humana, por lo que la ansiedad social no solo puede privarlo de momentos agradables sino que también puede hacer que su vida profesional sufra de manera significativa. Es posible que las personas que no tienen tales problemas ni siquiera se percaten, pero la interacción social impregna la vida humana normal como pocas otras cosas. Hacer incluso las tareas más sencillas puede implicar interacción, y cuando eso se vuelve difícil, la vida realmente puede dar un giro decadente.

Dado que somos criaturas sociales por naturaleza, las habilidades sociales también son uno de los predictores más importantes del éxito. No es ningún secreto que quienes son expertos en situaciones sociales tienden a salir adelante en diversas áreas de la vida, especialmente cuando se trata de oportunidades profesionales y perspectivas románticas. En general, las habilidades sociales son una de las áreas más críticas para mejorar para llevar una vida más plena.

El objetivo de este libro es ayudarle a lograrlo. Si tiene experiencia con la ansiedad social o sospecha que podría, este libro le enseñará exactamente qué es este trastorno y cómo funciona, pero también cómo puede solucionar el problema. De hecho, aunque es un tema complejo que aún se está investigando, la ansiedad social es algo que puede combatir por su cuenta, con un éxito moderado a destacado.

Es importante comprender que usted es solo una de las muchas personas con este problema y que no hay nada intrínsecamente malo en usted. La ansiedad social puede tener numerosas causas, pero la cura es casi siempre la misma o muy similar. En los términos más simples posibles, el problema gira en torno a una habilidad que ha perdido y tendrá que dominar nuevamente. En el proceso, también se dominará a sí mismo.

Al final de este libro, comprenderá qué es realmente este trastorno, pero también entenderá cómo funciona exactamente su cerebro, en particular en relación con la ansiedad social. Aprenderá a diferenciar entre la ansiedad social y algunos otros procesos psicológicos normales o rasgos de personalidad como la introversión, el miedo o la simple timidez.

Si bien no sustituye la ayuda y la terapia psiquiátricas profesionales, este libro contiene información actualizada y métodos probados para superar su ansiedad. También le ayudará en su viaje hacia un mayor autodesarrollo y conciencia, los cuales son importantes para lograr una paz mental duradera. En el proceso de superar su ansiedad, se convertirá en una persona más segura y aprenderá valiosas habilidades de comunicación.

No importa cuántas malas experiencias haya tenido y cuán desesperada pueda parecer su situación, no está más allá de la ayuda. Como leerá en este libro, vencer su ansiedad social puede ser difícil y, a veces, puede parecer una batalla cuesta arriba, por lo que necesitará paciencia y perseverancia, además del deseo de mejorar. No obstante, es una batalla que toda persona tiene la fuerza para ganar. Sin embargo, esa fortaleza debe desbloquearse y este libro eventualmente le ayudará a lograrlo. Sin más preámbulos, comenzaremos por conocer qué es realmente la ansiedad social y dónde nos encontramos cuando se trata de comprender y tratar este problema.

Capítulo Uno: ¿Qué es la Ansiedad Social?

Es importante señalar que la ansiedad social no es simplemente timidez o introversión, aunque a menudo pueden estar correlacionadas. La ansiedad social es un trastorno de personalidad diagnosticado, generalmente conocido como trastorno de ansiedad social o TAS para abreviar. La ansiedad social se conocía anteriormente como fobia social, que es un término que todavía se usa en ocasiones. En términos más simples, la ansiedad social es una especie de miedo a las situaciones sociales que surge de un sentimiento de insuficiencia y el miedo a ser analizado de alguna manera.

Todas las personas pueden ponerse nerviosas por determinadas situaciones, especialmente cuando son importantes. Por ejemplo, muchas personas tienden a ponerse nerviosas antes de una entrevista de trabajo importante, incluso si realmente no tienen un trastorno de ansiedad social. Y aunque este nerviosismo generalmente proviene del miedo al análisis que inevitablemente conlleva una entrevista de trabajo, no es un trastorno de ansiedad social por definición. La ansiedad social implica un miedo particularmente intenso e irracional que puede nublar su mente por completo y ocurre automáticamente, incluso cuando no puedes identificar racionalmente de qué se trata una situación que le asusta. La irracionalidad y la intensidad de la reacción de miedo que conlleva la ansiedad social son la razón por la que a veces se le denomina fobia social.

El hecho de que hayamos evolucionado para ser criaturas sociales es algo que hace que la ansiedad social sea particularmente trágica y problemática. Incluso cuando tenemos tal trastorno y cuando nuestro miedo nos hace pensar que no queremos entrar en situaciones sociales, nuestras mentes todavía anhelan sutilmente la interacción y el contacto. El aislamiento prolongado y la falta de intimidad o cualquier contacto social, por significativo que sea o no, pueden tener consecuencias dramáticas en nuestra salud mental, independientemente de cuán sociables o insociables creemos que somos.

Por supuesto, por lo tanto, la ansiedad social frecuentemente conduce a sentimientos de soledad y distanciamiento. Como sabrá por experiencia, esta es una situación difícil porque se siente como una trampa terriblemente paradójica en la que uno detesta la perspectiva de involucrarse en una situación social, pero siente lo mismo acerca de su soledad mientras tanto. Como tal, un trastorno de ansiedad social puede dar lugar a todo tipo de complicaciones en lo que respecta a la salud mental o incluso física, según el caso. Eso es si el desorden no se controla, por supuesto.

Si solo tiene un problema moderado de ansiedad social, debería intentar eliminarlo de raíz. En este momento, podría pensar que solo afecta su vida social y le dificulta hacer amigos, pero, con el tiempo, la ansiedad social puede dificultar muchas otras áreas de su vida, como mencionamos. Si el problema puede crecer, puede pasar de sentirse incómodo en una fiesta a reprimir su carrera, o algo peor.

Dado que puede tener consecuencias de gran alcance para la calidad de vida y la productividad de las personas, no sorprende que el trastorno de ansiedad social sea algo que preocupa en gran medida a la sociedad. TAS (trastorno de ansiedad social) es solo una de las numerosas formas de trastornos de ansiedad que plantean un problema, especialmente en Occidente. En los Estados Unidos, los trastornos de ansiedad afectan a aproximadamente 40 millones de adultos, lo que los convierte en la forma más común de problema de salud mental. Anualmente, alrededor de una quinta parte de los adultos estadounidenses informarán que se ven afectados por algún tipo de ansiedad.

La incidencia del trastorno de ansiedad social es de alrededor del 7% de la población adulta en los Estados Unidos. Esta estadística incluye casos de ansiedad social de leves a graves, pero solo toma en cuenta las personas con un problema prolongado. Las personas que se ven afectadas por el TAS durante períodos de tiempo más cortos son aún más numerosas. Dado que afecta a millones de personas, la ansiedad social también tiene su costo para la economía, al igual que otras formas de ansiedad. Debido a que es un problema creciente en todos los ámbitos, la ansiedad social ahora recibe una atención significativa y por lo tanto la entendemos mucho mejor que antes.

Síntomas

La ansiedad social, una enfermedad diagnosticada, viene con una variedad de síntomas identificables que pueden usarse para determinar si el problema es TAS o si es algo más. Por supuesto, los síntomas de la ansiedad social son en su mayoría como los de otras formas de trastornos de ansiedad, mientras que la principal diferencia está en los detonantes que provocan esos síntomas. Los síntomas generalmente se pueden dividir en síntomas emocionales o conductuales y síntomas físicos.

De hecho, cuando se presenta, la ansiedad social puede interferir con la forma en que se comporta en determinadas situaciones y cómo se siente tanto física como emocionalmente. Sin embargo, cuando se trata de comportamiento, la ansiedad social también presenta síntomas y signos persistentes a largo plazo. Altera el estilo de vida, los hábitos, los planes y, finalmente, incluso los resultados de la vida. Cuando se trata del lado conductual y emocional, a continuación se presentan algunos de los síntomas y signos comunes del trastorno de ansiedad social:

- Miedo excesivo al juicio y situaciones sociales que pueden provocarlo
- Miedo a comunicarse con extraños
- Obsesionarse con la posibilidad de avergonzarse o de ser humillado en público
- Miedo a la ansiedad en sí misma, o más bien, a que otras personas noten el problema o los síntomas físicos que podría estar experimentando
- Miedo a atraer la atención de los demás, especialmente en grupos o multitudes
- Ansiedad persistente y, en ocasiones, creciente anticipación de una situación social próxima de la que usted está consciente por adelantado
- Ajustar planes y cancelar actividades para evitar detonantes, incluso en detrimento de su vida social o profesional
- Dejar de participar en actividades que solían brindarle placer y alegría, simplemente por miedo a las situaciones sociales y la ansiedad que conllevan
- Análisis post hoc obsesivo de cada detalle de la interacción una vez finalizada, con un enfoque en su desempeño durante su curso
- Incapacidad para concentrarse en la otra parte en una conversación, en lugar de obsesionarse con su propia apariencia y comportamiento
- Una perspectiva excesivamente negativa sobre los escenarios sociales futuros y consecuencias

Debido a todos estos problemas, las personas con ansiedad social tienden a tener dificultades para iniciar conversaciones, participar en actividades grupales, conocer a desconocidos, tener citas, mantener el contacto visual, visitar una tienda o incluso usar un baño público. Cuando ocurre un brote de ansiedad social, generalmente notará los siguientes síntomas:

- Aumento de la frecuencia cardíaca – *en ocasiones de manera severa*
- Temblor
- Sudoración por estrés
- Náuseas
- Sonrojarse
- Dificultad para respirar, que también puede dificultar el habla
- Mareos
- Pérdida generalizada de control sobre sus pensamientos y sensación de pánico

Si tiende a experimentar alguno o todos estos síntomas en situaciones sociales y se siente incómodo a causa de ello, esta es una indicación de que está luchando con un trastorno de ansiedad social.

Diagnóstico y Complicaciones

Como mencionamos, el trastorno de ansiedad social ha sido tomado en serio por la psiquiatría y la psicología convencionales durante un largo periodo de tiempo, especialmente en el mundo desarrollado. Como tal, es un trastorno que puede diagnosticarse con gran precisión. Analizar los síntomas después de que han ocurrido y se han observado es una forma de diagnóstico, pero los expertos también han desarrollado cuestionarios útiles y pruebas de personalidad que pueden ayudar a evaluar si usted padece TAS y qué tan grave podría ser.

Si decide hablar con un profesional para confirmar más allá de toda duda si padece un trastorno de ansiedad social, es posible que le pidan que hable sobre síntomas pasados o que responda un cuestionario. Los cuestionarios generalmente consisten en declaraciones con las que se supone que está de acuerdo o en desacuerdo. Estas pruebas pueden variar en complejidad, pero su idea central es conocer la forma en que reacciona ante determinadas situaciones y cómo funciona su mente. Los resultados ayudarán a determinar si está socialmente ansioso y en qué grado.

Además de considerar los síntomas y signos que ya hemos comentado, también puede realizar estas pruebas y cuestionarios por su cuenta. Existen todo tipo de cuestionarios que puede encontrar en Internet, algunos más detallados y confiables que otros. Aun así, el diagnóstico más preciso requerirá consultar con un profesional que podrá considerar todas las particularidades de su caso individual.

Si no se controla, un trastorno de ansiedad social puede evolucionar de diversas maneras y provocar complicaciones, especialmente cuando se trata de su salud mental en general. Con el tiempo, su ansiedad social puede hacerse cargo de todos los aspectos de su vida, dictando todo lo que hace y cómo o cuándo lo hace. Las personas con ansiedad social a menudo tienen con una autoestima debilitada y, por supuesto, con pésimas habilidades sociales. Estos problemas son especialmente probables cuando el trastorno se manifiesta durante la adolescencia, que es una etapa importante del desarrollo. Desafortunadamente, este escenario es demasiado común cuando se trata de TAS, y los niños pueden perder el desarrollo de habilidades sociales cruciales y confianza que entrarán en juego más adelante en la vida.

La ansiedad social puede hacer que las personas se vuelvan frágiles e irritables, incapaces de manejar las críticas o incluso de recibir consejos amistosos. Las personas con TAS también tienden a ser menos asertivas, lo que dificulta el desempeño profesional y académico. A medida que el trastorno lleva al individuo hacia un aislamiento mayor, pueden surgir todo tipo de problemas. No es raro que las personas con ansiedad social terminen con un trastorno depresivo mayor y muchos otros problemas mentales que incluso pueden conducir al suicidio o, al menos, a intentos de suicidio. Por supuesto, muchos pacientes también recurrirán a la automedicación con alcohol o drogas, lo que, a su vez, puede conducir al abuso de sustancias y a una gran cantidad de otros problemas que lo acompañan.

Causas y Factores De Riesgo

Como suele ser el caso, las causas del trastorno de ansiedad social pueden variar y vale la pena discutirlas. En general, el trastorno de ansiedad social se debe a factores biológicos o ambientales o una combinación de ambos. Se ha observado que la ansiedad social a menudo se hereda, pero no está claro si esta heredabilidad proviene de la genética o de la crianza y el comportamiento aprendido. Ciertamente, es posible que la ansiedad social, al igual que otros problemas mentales, se pueda transmitir a través de los genes, pero esto todavía está en duda.

En cuanto al cerebro en sí, se ha sugerido que la parte responsable de la reacción de miedo y ansiedad es la amígdala. Cuando esta parte del cerebro está anormalmente activa, como es el caso de algunas personas, la ansiedad social tiende a ser un problema.

En cuanto a los factores ambientales que pueden causar el trastorno, son abundantes. Las experiencias pasadas pueden jugar un papel importante, particularmente las experiencias sociales negativas. Pueden afectar especialmente si ocurren cuando un individuo es muy joven o vulnerable. Por supuesto, los padres también pueden ser los culpables inadvertidos, ya sea dando ejemplo con su propio comportamiento ansioso o siendo sobreprotectores o no socializando adecuadamente a su hijo durante los años de formación. En cuanto al maltrato directo o el abuso infantil, no está claro si tales experiencias en la infancia pueden conducir a la ansiedad social, aunque ciertamente están conectadas a otros problemas.

Además del tema oscuro y debatido de las causas subyacentes, también existen factores de riesgo a considerar, todos los cuales pueden implicar un mayor riesgo de desarrollar TAS en algún momento de la vida. Además de los antecedentes familiares y la influencia de los padres que mencionamos, los factores de riesgo ambientales para los niños también incluyen experiencias como el acoso, las burlas excesivas, la humillación y la imposibilidad de hacer amigos. Estas experiencias pueden conducir al retraimiento y la alienación, contribuyendo en gran medida a la ansiedad social posterior. Se debe trabajar con los niños que exhiben rasgos como la timidez y la falta de sociabilidad al principio de su vida para reducir su elevado riesgo de desarrollar TAS.

En los casos desafortunados en los que las personas padecen una afección o un problema de apariencia que llama la atención, el riesgo de ansiedad social también es mayor. Esto incluye muchos aspectos que pueden cohibirnos y convertir la interacción social en una tarea, incluso si las personas con las que interactuamos son amables con nosotros. Uno de los problemas más comunes de este tipo es el acné. La aparición del acné durante la adolescencia frecuentemente se correlaciona con la aparición de ansiedad social, y ciertamente puede empeorar las cosas.

Tratamiento

Hoy en día, la ansiedad social es algo que se trata con mucho éxito y es muy probable que las opciones de tratamiento mejoren aún más en el futuro. Los dos enfoques principales son la terapia cognitivo-conductual ("TCC" para abreviar) y la medicación. Por supuesto, la terapia también utilizará a menudo ambos enfoques, según el caso en cuestión.

La terapia cognitivo-conductual es un tratamiento que se enfoca en los patrones de pensamiento del paciente y otros procesos mentales, considerando cómo afectan la ansiedad. Más adelante descubrirá que los consejos de este libro también constituyen esencialmente la TCC. Es simplemente la idea de que al alterar la forma de pensar del paciente mediante el uso de asesoramiento y terapia personalizada, el paciente puede abandonar pensamientos y creencias que conducen a la ansiedad social. Al cambiar los pensamientos y el comportamiento, la CBT aborda realmente la causa raíz del problema.

Como sugiere su nombre, la TCC consta de dos partes, en las que la parte cognitiva de la terapia se ocupa de los pensamientos y la mitad del comportamiento se centra en diversas actividades. Cuando se trata de la TCC que es específica para el tratamiento de la ansiedad social, la parte cognitiva de la terapia tiende a centrarse en reemplazar los pensamientos negativos que desencadenan la ansiedad por pensamientos positivos. El componente conductual de la terapia a menudo incluye terapia grupal que involucra actividades que están destinadas a acondicionar al paciente para que tolere mejor ciertas situaciones gradualmente.

Estas actividades tienden a ser aquellas que tienen el potencial de ser al menos algo incómodas para el paciente, pero es un proceso de inmunización lento, por así decirlo. Además, las actividades de terapia de grupo brindan la oportunidad de poner en práctica lo que el paciente aprende durante la terapia cognitiva. Ésta es una de las razones por las que la TCC es un enfoque tan completo y eficaz. La TCC también puede hacer uso de técnicas de relajación como la meditación, la atención plena y otros enfoques, muchos de los cuales cubriremos más adelante en este libro.

Cuando se trata de medicación, si es posible tratar el trastorno con éxito sin medicación, y aunque eso es *ideal* (la medicación puede ser muy útil), la medicación que se usa para tratar la ansiedad social es lo que cabría esperar con otras formas de ansiedad, incluidas las benzodiazepinas y los ISRS. Los dos problemas principales con los medicamentos son que tienen efectos secundarios y que solo tratan los síntomas en lugar de abordar la *causa raíz*. Es por eso que la medicación es solo una herramienta adicional para facilitar el tratamiento, no una solución a largo plazo.

Con todo, la terapia para la ansiedad social tiene una gran tasa de éxito y, en casi todos los casos, el problema es curable. Una vez que la mente ha sido reformada y se le ha enseñado a mirar las cosas desde una nueva perspectiva, el cambio positivo suele ser permanente. A menudo, todo lo que se necesita es un poco de fuerza de voluntad y paciencia de su parte, como aprenderá a lo largo de este libro.

Capítulo Dos: Ansiedad Social, Timidez, e Introversión

En este capítulo, entraremos en más detalles sobre las diferencias y la conexión entre la ansiedad social y un par de aspectos que pueden parecerse al trastorno o acompañarlo, pero que también pueden existir sin TAS. En primer lugar, es importante comprender que el nivel de comodidad en situaciones sociales, especialmente cuando tenemos en cuenta diversas preferencias personales, puede depender de muchos factores además de los trastornos o cualquier tipo de enfermedad. Ser un poco tímido es sin duda un rasgo de personalidad legítimo y no representa ningún tipo de trastorno.

Además, ser tímido o ansioso en ciertas situaciones sociales puede ser completamente natural, incluso para personas que de otra manera nunca lo serían. Hablar con una persona que realmente le agrada o estar en una situación con desconocidos mientras se percata que ocurre algo extraño puede hacer que cualquiera se sienta ansioso y nervioso. Como probablemente sepa, algunas personas también están naturalmente predispuestas a ser más extrovertidas y comunicativas que otras, y la sociabilidad es ciertamente un espectro. Comprender qué son la timidez y la introversión, por ejemplo, puede ser tan útil como conocer los síntomas de los que hablamos anteriormente cuando se trata de identificar la ansiedad social.

Introversión

Para empezar, veamos lo que realmente significa ser introvertido. En uno de los capítulos posteriores, consideraremos cuidadosamente una lista de situaciones y entornos que pueden ser complicados para los introvertidos, con o sin ansiedad social. Por ahora, seremos directos. En términos prácticos, un introvertido es una persona a la que le agradan los entornos tranquilos y relativamente calmados y los entornos que no son demasiado estimulantes. Si bien es posible que no asusten al introvertido, estas situaciones pueden ser agotadoras mental y emocionalmente, por lo que los introvertidos generalmente necesitan un período de relajación en soledad después de un período prolongado de socialización. Cuanto más estimulante e intensa sea la socialización, más efecto tendrá.

Los conceptos de introversión y extroversión en los seres humanos se remontan a uno de los psicólogos más famosos, Carl Jung, quien introdujo estos términos en 1921. En esencia, este concepto no se centró principalmente en la sociabilidad. Más bien, Jung postuló que un introvertido es simplemente alguien que está más enfocado y en sintonía con sus pensamientos y sentimientos internos. Es una especie de enfoque hacia el interior que se caracteriza por aspectos como la introspección frecuente y un enfoque en todo lo que existe dentro de sí mismos. Por otro lado, un extrovertido es una persona que se enfoca principal o exclusivamente en el mundo exterior.

Más tarde, la teoría de Jung jugó un papel importante en otras teorías de la personalidad, como la teoría de los "Cinco Grandes", también conocida como el modelo de los cinco factores. Este es esencialmente un sistema de agrupación de rasgos de personalidad, y todavía es usado. Otro ejemplo reconocido del uso de la escala introvertido-extrovertido es el indicador de tipo Myers-Briggs o MBTI. Este es un sistema y una prueba que se ha utilizado durante un tiempo para clasificar a las personas en tipos de personalidad predefinidos, y la introversión o extroversión de un individuo juega un papel importante en ello.

Con el tiempo, estos términos han ido evolucionando y varios psicólogos han contribuido a la evolución de las definiciones. Hoy en día, nos queda bastante claro que los introvertidos también tienden a ser menos sociables que los extrovertidos, aunque, una vez más, no son necesariamente ansiosos socialmente o incluso tímidos. Cuando se trata de estimulación social o de cualquier otro tipo proveniente del exterior, los extrovertidos tienden no solo a preferirla, sino que también la necesitan en mayor cantidad. Por ejemplo, mientras que un extrovertido puede necesitar salir a una fiesta por la noche y relacionarse con muchas personas para sentirse satisfecho, un introvertido generalmente preferirá sentarse en la casa de alguien con dos o tres amigos cercanos y tener una relajada tarde tranquila. Con todo, los introvertidos se centrarán en sus sentimientos internos, mientras que los extrovertidos se centrarán en la estimulación externa.

Todo esto se ve mejor como un espectro entre la extroversión y la introversión, lo que significa que existen pocas personas que son extremadamente introvertidas o extrovertidas. La mayoría de las personas se encuentran en algún punto intermedio, pero la inclinación hacia uno u otro es evidente en la mayoría de las personas. Es imposible saber la cifra exacta, pero se estima que las personas que pueden definirse como introvertidas representan entre el 25 y el 40% de la población.

Si bien la ansiedad social es, como comentamos, un trastorno probablemente causado por una combinación de factores genéticos y ambientales, es aún menos claro qué causa la introversión. Además de eso, la introversión no se considera de ninguna manera un trastorno. Por supuesto, existen algunas explicaciones propuestas. En general, los introvertidos y extrovertidos probablemente nacen de esa manera, pero los factores ambientales ciertamente pueden influir. Después de todo, es difícil determinar cómo se forma exactamente su personalidad. Lo importante de entender es que la introversión es perfectamente normal y natural.

La diferencia clave entre la ansiedad social y la introversión es que la primera implica miedo, mientras que la segunda se trata de preferencia. Si bien la introversión es simplemente una forma de vivir, la ansiedad social es algo que le impide vivir. Además, aunque la causa es amplia, se comprenden correctamente los mecanismos internos de la introversión y la extroversión. Un estudio publicado hace unos años en Frontiers in Human Neuroscience por Richard Depue y coautores de la Facultad de Ecología Humana nos ha brindado más información al respecto.

Según los investigadores, la introversión y la extroversión tienen mucho que ver con la forma en que funciona el sistema de recompensa en el cerebro de un individuo. Básicamente se reduce a la química del cerebro, en particular a la dopamina. En los términos más simples, la dopamina es una sustancia química que libera su cerebro para brindarle una sensación gratificante cada vez que tiene éxito o adquiere algo que desea. En el cerebro de los extrovertidos, afirman los investigadores, existe una respuesta mucho más alta y más estimulante a la dopamina. Debido a esto, los extrovertidos están más motivados para buscar una mayor estimulación, lo que inevitablemente los vuelve más extrovertidos.

Características de un Introvertido

A medida que avancemos, aprenderá más sobre cómo diferenciar entre ansiedad social y aspectos como la introversión, pero por ahora, veamos algunos signos comunes de introversión. Como probablemente pueda deducir a estas alturas, si bien existe una alta correlación entre la introversión y la vida social más tranquila, eso no significa que los introvertidos no puedan ser altamente sociables.

Es por eso que el desempeño en situaciones sociales no siempre es un indicador confiable. Un indicador adecuado de introversión y extroversión es cómo se desempeña un individuo en soledad.

La soledad no es realmente estimulante, por lo que a los extrovertidos les resulta particularmente difícil lidiar con ella. Si le resulta fácil o incluso preferible pasar tiempo solo, ese es un fuerte indicador de introversión. ¿Se encuentra disfrutando de una velada tranquila en casa con un chocolate caliente y un libro, mucho más que una gran fiesta? ¿Prefiere reuniones pequeñas y tranquilas con unos pocos amigos o familiares selectos? Estos son signos de que probablemente sea introvertido.

Sin embargo, si a menudo se siente demasiado aburrido, inquieto y frustrado cuando está solo, es posible que sea extrovertido. Sin embargo, el caso es que si se siente así cuando está solo, pero aún lucha y se siente incómodo en situaciones sociales, entonces este es un indicador de que su problema es un trastorno de ansiedad social. Este sería un caso claro de miedo a preferencia, como mencionamos anteriormente. Se encuentra deseando la interacción y la estimulación que le brinda, pero debe lidiar con ella, y es ahí cuando el problema va más allá del asunto de la introversión y la extroversión.

La razón por la que los introvertidos frecuentemente sentirán que su energía se ha agotado después de un tiempo de socializar no es que sean necesariamente insociables, sino debido a su diferente respuesta a la estimulación. Considere cómo se siente después de asistir a una fiesta o reunión familiar numerosa. ¿Se siente agotado y cansado o renovado? De hecho, mientras que las situaciones sociales agotan la energía del introvertido, renuevan al extrovertido.

Otro signo común de introversión es la introspección profunda y sofisticada. Si tiende a pasar gran parte de sus horas de vigilia en introspección, escuchando su voz interior, soñando despierto y sin tener en cuenta el mundo que lo rodea, es casi seguro que sea introvertido. Ya mencionamos que los introvertidos se caracterizan por un enfoque en sus sentimientos internos, pero eso no significa que sean más emocionales. Tiene que ver con la forma en que los introvertidos procesan toda la información que reciben del mundo exterior. El extrovertido tiende a percibir las cosas externamente, mientras que el introvertido internalizará la información y la procesará a través de sus intrincadas conversaciones y sentimientos internos.

Todo esto implica un alto nivel de autoconciencia, lo que podría ser la razón por la cual los introvertidos son más propensos a ser cohibidos y, a su vez, socialmente ansiosos. Los introvertidos tienden a conocerse bastante bien, lo que significa que están en contacto con sus emociones y comprenden sus propias motivaciones, pensamientos e ideas. Si es introvertido, esto puede parecer nada especial para usted, pero la verdad es que a muchas personas les cuesta entender qué y por qué sienten la mayor parte del tiempo o incluso por qué hacen ciertas cosas. Los introvertidos generalmente no tienen ese problema. En general, si pasa mucho tiempo reflexionando y tratando de llegar al fondo de sus pensamientos, es probable que sea introvertido.

Los introvertidos también pueden concentrarse en las cosas muy de cerca, especialmente en una tarea a la vez. Si prefiere mantenerse enfocado en una cosa a la vez en lugar de realizar múltiples tareas, eso es un signo de introversión. Además, cuando se trata de aprender a hacer un determinado trabajo o de absorber una nueva habilidad, los introvertidos generalmente prefieren aprender a través de la observación durante un tiempo antes de involucrarse. Esto a menudo implica aprender de los demás al verlos actuar. Los extrovertidos tienden a depender más del ensayo y error.

A los introvertidos también les agrada la autonomía, especialmente en el trabajo. No es que los introvertidos no puedan funcionar como parte de un equipo, pero si se les da una opción, tienden a preferir trabajos que les brinden una dosis de independencia o incluso aislamiento. Un introvertido no solo preferiría un trabajo así, sino que también tienden a desempeñarse mejor en ellos.

Otra pista que puede buscar es cómo lo perciben los demás. Los introvertidos a menudo se confunden con personas tímidas o ansiosas, como puede imaginar, y sucede principalmente con desconocidos. Observen cómo lo ven quienes lo conocen. Si pueden observar que normalmente es callado, algo reservado y no está ansioso por compartir los rincones más íntimos de su mente, probablemente sea introvertido.

Timidez

Se puede argumentar que la timidez tiene mucho más en común con la ansiedad social que la introversión. Por supuesto, la timidez es un concepto un poco difícil de definir. No es un trastorno ni ningún tipo de enfermedad diagnosticada y es una idea mucho más informal y coloquial, por así decirlo. Diferentes personas pueden describir diferentes rasgos como timidez. El solo hecho de tener un mal día en el que no se siente particularmente sociable puede hacer que algunas personas le consideren tímido, aunque generalmente no es retraído en absoluto.

Quizás la definición más precisa de timidez sería volver al miedo al juicio que también ocurre con la ansiedad social. Algunos describirían la timidez como una ansiedad social de baja intensidad o en una etapa temprana. Si bien no son lo mismo, la ansiedad social a menudo se parece a la timidez multiplicada por diez. Como tal, la timidez también suele deberse a problemas más simples como la falta de confianza, una mala imagen de sí mismo y actitudes cohibidas.

Sin embargo, lo que ocurre con la timidez y la introversión es que esta última a veces puede convertirse por la fuerza en la primera, por así decirlo. Por más natural y normal que sea la introversión, no es ningún secreto que nuestra sociedad favorece a los extrovertidos. Ciertamente no es una gran conspiración para oprimir a los introvertidos, por supuesto, pero así es. Los seres humanos son criaturas sociales, como hemos comentado, y nuestra economía, sociedad y la propia civilización dependen de la comunicación de todo tipo. Como tal, naturalmente hemos llegado a una sociedad donde los extrovertidos prosperarán.

La razón por la que esto es relevante es que las personas normales y extrovertidas a veces malinterpretan la introversión por timidez o la perciben como antisocial, lo que puede llevar a que los introvertidos sean excluidos y distanciados. Esto se debe a que pueden sentir que la forma en que son es indeseable y no bienvenida, inculcando en ellos la creencia de que existe algo fundamentalmente incorrecto en ellos. Por supuesto, sentirse así es devastador para la autoimagen de cualquier persona y, con el tiempo, es así como un introvertido sano puede convertirse en una persona que sufre de TAS o de un nivel considerable de timidez.

Como explicó Jonathan Rauch en un reconocido artículo en el Atlántico a principios de la década de 2000, a los extrovertidos les resulta muy difícil comprender la idea misma de la introversión. No logran identificarse con ello, y esto a menudo conduce a los conceptos erróneos que mencionamos. Debido a todo esto, los introvertidos incluso pueden ser etiquetados como arrogantes, engreídos y mucho más.

Otra diferencia fundamental entre la introversión y la timidez es que, a diferencia de la introversión, lo que llamamos timidez es frecuentemente una respuesta, no un rasgo inherente. Además de ser tímidos, las personas también pueden volverse retraídos, en una situación que lo es. Cuando se siente incómodo en una situación social y le invade ese sentimiento desagradable de ser juzgado, normalmente terminará siendo "tímido".

Como puede observar, la timidez también se puede ver y definir como un síntoma del trastorno de ansiedad social. Pero, por supuesto, no siempre es así, sobre todo en términos coloquiales y situaciones cotidianas. La gente común generalmente considera que la timidez es una característica, y existe un delicado equilibrio que algunas personas logran crear entre su capacidad para socializar y su naturaleza reservada. De hecho, como probablemente sepa, la timidez a veces incluso se considera como una virtud o al menos como algo agradable o lindo.

Es por eso que la timidez es quizás el más oscuro de todos estos conceptos y el más difícil de definir. Es una palabra que usamos con tanta frecuencia que es difícil atribuirle un significado científico y una definición. Como tal, es mejor centrarse en las diferencias entre la introversión y la ansiedad social sobre todo mientras se considera la timidez como un síntoma potencial de TAS.

Uno de los muchos intentos de definir la timidez lo aportaron los expertos en comportamiento infantil y psicología de la personalidad, Louis A. Schmidt y Arnold H. Buss. Explicaron que la sociabilidad, como opuesto a la timidez, representa una motivación para estar con los demás. La timidez, por otro lado, se refiere a la tensión y el malestar entre las personas, y generalmente a ciertos comportamientos en reacción a ese malestar.

Capítulo Tres: Ansiedad vs. Preocupación vs. Miedo

La ansiedad tiene mucho en común con la preocupación y especialmente con el miedo, pero no todos son iguales en lo que respecta a la psicología y la psiquiatría. Este es el capítulo en el que entraremos en más detalles sobre qué es realmente la ansiedad, en general, y cómo se relaciona con alguna confusión psicológica común que todos experimentamos en algún momento. En el capítulo anterior, analizamos los rasgos de personalidad que pueden parecerse a la ansiedad social, mientras que, en este, nos centraremos en los procesos mentales que todo ser humano saludable experimentará en algún momento.

De hecho, no existe nada más natural y humano que preocuparse o tener miedo. Preocuparse significa que nos importa, y puede ser muy importante, especialmente cuando se trata de nuestros seres queridos. La preocupación también puede darnos señales y advertencias sobre los resultados potencialmente negativos de ciertas elecciones o situaciones. Además, el miedo es una parte indispensable de nuestro mecanismo de supervivencia, y lo ha sido desde que hemos caminado por la Tierra.

Los Matices y La Estructura de la Ansiedad

Además de lo que ya hemos discutido sobre la naturaleza de la ansiedad social y su definición, también vale la pena mencionar que la ansiedad social ciertamente existe en un espectro y se puede dividir en componentes. Ya discutimos cómo se pueden clasificar los síntomas de la ansiedad social, pero también existe un panorama divido en tres partes de la estructura de la ansiedad, que algunos expertos usarán.

En pocas palabras, los tres componentes centrales de su ansiedad son los componentes emocional, fisiológico y cognitivo. El componente emocional comprende las cosas que siente, como el miedo o ese sentimiento de pavor que se hunde antes de un compromiso social, por ejemplo. El componente fisiológico solo incluye todos los síntomas físicos que discutimos anteriormente. El componente cognitivo es donde las cosas se ponen interesantes, y es aquí donde entra la preocupación. Este componente tiene que ver con los pensamientos que tiene, que están relacionados con su ansiedad.

Siempre que piense en cómo no puede hacer algo o en los muchos escenarios potenciales en los que se siente avergonzado y humillado, ese es el componente cognitivo de su ansiedad. Como puede ver, todo esto a menudo implica preocupación, y es así como la preocupación entra en juego cuando se siente ansioso, especialmente antes de que se produzca una interacción social.

También mencionamos que el trastorno de ansiedad social existe en un cierto espectro. Esto se debe a que, como mencionamos, un cierto grado de ansiedad le ocurre naturalmente a la mayoría de las personas en algún momento. Lo que pasa con la ansiedad normal, social o de otro tipo, es que no interferirá en su vida diaria. Esto se debe a que ocurre raramente y a que sus síntomas son más leves que los del trastorno de ansiedad social real. Cuando se produce de esta forma sana y natural, la ansiedad incluso puede ser buena. En una situación social, esa pequeña cantidad de ansiedad puede hacer que se encuentre más alerta, concentrado y animado, lo que algunas personas interpretarán de manera positiva.

A medida que comienza a alejarse de ese lado del espectro, se acerca a los niveles de ansiedad que pueden causarle malestar y hacer que las situaciones sociales sean indeseables para usted. Aún más el otro extremo, el territorio del desorden comienza cuando su ansiedad obstaculiza su desempeño en situaciones sociales y de otro tipo y simplemente lo perjudica en cualquier cosa, desde tareas importantes hasta la vida diaria. En otras palabras, a veces es natural preocuparse, pero en el momento en que llega a una situación en la que prefiere quedarse en casa antes que enfrentarse a la música es cuando debe saber que probablemente padezca ansiedad social.

También existe una cierta zona gris entre la ansiedad natural y el deterioro total. Es aquí donde puede tener síntomas de un trastorno de ansiedad hasta un punto en el que experimente malestar regular. No obstante, probablemente se encontrará limitando sus interacciones sociales y siendo menos asertivo, aunque al menos esté saliendo de su casa. Este nivel de ansiedad social puede ser perjudicial para usted a largo plazo, ya que puede volverlo más reservado y sin disposición a hacer un esfuerzo adicional en el trabajo, por ejemplo. Además, estar cerca de la ansiedad social diagnosticable generalmente significa que el problema empeorará con el tiempo si no lo controla.

La ansiedad social también puede venir acompañada de ataques de pánico, que a veces son similares pero definitivamente no lo mismo que los ataques de ansiedad. Los ataques de pánico se caracterizan por fuertes síntomas físicos o al menos una percepción de tales síntomas. Los ataques de pánico suelen ser repentinos y se desencadenan por determinadas fobias, como la fobia social, en su caso. Un síntoma físico común es una frecuencia cardíaca errática y dificultades para respirar. Los ataques de pánico no le matarán ni le darán un ataque cardíaco real, pero pueden hacerle sentir así, lo que los vuelve aterradores.

Puede haber cierta continuidad entre su ansiedad y un ataque de pánico porque un ataque de pánico puede llegar como una especie de culminación de su ansiedad. Si está estresado por una situación social prolongada y altamente desagradable, es posible que llegue a una sobrecarga en la que su mente simplemente no pueda soportarlo más y pase a un nivel completamente nuevo de respuesta al miedo. Tal cosa nunca sucederá debido a una simple preocupación. Los ataques de pánico suelen ser indicativos de un problema de ansiedad subyacente y siempre son un signo de sobrecarga de estrés. En general, aunque se trata de un trastorno mental diagnosticado, la ansiedad social en ocasiones puede ser difícil de definir y puede involucrar diversas áreas grises.

Ansiedad y Preocupación

Al igual que el miedo, el estrés o la timidez, la preocupación tiene una relación especial con la ansiedad, aunque no es sinónimo de ella. Como bien sabe, la preocupación es parte integral de los síntomas de la ansiedad social, aunque a veces se confunde con el trastorno. Es natural y, de hecho, característico de los seres humanos dedicarse a la planificación, ya que la capacidad de hacer planes ha sido uno de los factores decisivos para llegar a donde estamos como especie.

Por supuesto, planificar es pensar en el futuro, considerar diferentes resultados y visualizar escenarios. Esto, inevitablemente, en ocasiones dará lugar a preocupaciones, especialmente cuando las probabilidades están objetivamente en su contra, por ejemplo. La preocupación también es normal si está programado para una entrevista de trabajo importante o cualquier otro compromiso social que pueda afectar directamente el curso posterior de su vida. En pocas palabras, nos preocupamos frecuentemente y, a menudo, tenemos buenas razones para hacerlo. No solo eso, sino que, a veces, la preocupación es lo que nos impulsa y nos ayuda a tomar las decisiones correctas.

Sin embargo, eso no cambia el hecho de que la preocupación también juega un papel destacado en la ansiedad social. Ahora sabe cómo la preocupación y la ansiedad se relacionan entre sí, pero aún es posible confundir las dos ya que, como mencionamos, existe la preocupación natural que todos experimentan, y luego está el tipo de preocupación que viene con los brotes de ansiedad.

Una de las diferencias más importantes e inmediatamente evidentes entre la preocupación y la ansiedad, social o de otro tipo, es la naturaleza física de la ansiedad. De hecho, la preocupación no se manifiesta físicamente y, en cambio, se limita a los confines de su mente. Como tal, si tiene pensamientos preocupantes sobre algo que podría suceder, incluso si se vuelven un poco incontrolables, tome nota de si está experimentando los síntomas físicos que hemos discutido.

Además, cuando se trata de ansiedad social, sus preocupaciones se volverán extremadamente persistentes, frecuentes y, a menudo, desproporcionadas o excesivas. Por lo general, no es recomendable compararse con los demás, pero si le preocupa ir a la tienda con la misma intensidad con la que sus amigos o familiares se preocupan por una entrevista de trabajo que podría cambiar su vida, definitivamente ha superado la preocupación habitual.

Como mencionamos anteriormente, una de las diferencias clave entre la ansiedad y la preocupación es que la preocupación tiene que ver con lo que sucede en sus pensamientos mientras que la ansiedad se vuelve física. Sin embargo, dado que ambos escenarios implican pensar demasiado, también vale la pena señalar que la preocupación suele ser más específica que la ansiedad. Lo que eso significa es que la preocupación tiende a centrarse en un problema real muy específico, ya sea pequeño o grande. Puede estar preocupado por llegar tarde a una cita, pero si también está preocupado por los desplazamientos o está obsesionado con lo que podría suceder una vez que llegue a la cita, entonces usted es una persona ansiosa. La ansiedad es más general y, a menudo, puede volverse complicada cuando se trata de sus orígenes.

Otra diferencia importante es que la preocupación puede ser productiva, al menos en el sentido de que frecuentemente le llevará a pensar en soluciones a un problema. Es natural que cuando esté preocupado por un problema específico, su mente comience a pensar en soluciones a ese problema. Sin embargo, con la ansiedad no se encuentran soluciones porque el problema en sí no está claro. La ansiedad es improductiva y le dejará sin ideas sobre cómo superar una situación determinada. Simplemente le ocasionará estrés y miedo.

En efecto, el solo hecho de concentrarse en sus preocupaciones reales y analizarlas de la manera más objetiva posible le brindará una mejor idea de si usted está ansioso o simplemente preocupado. La próxima vez que se sienta preocupado o ansioso, debe tomarse un momento para considerar lo que le molesta. Si le preocupa ir a trabajar porque está listo para una revisión, entonces está preocupado por algo específico. Si, por otro lado, no tiene ganas de ir a trabajar simplemente porque tiene miedo de estropear algo o avergonzarse de alguna manera, esto sería ansiedad.

Las preocupaciones también son más fáciles de controlar que la ansiedad. Esto se debe en parte a lo que acabamos de comentar acerca de que la preocupación está más arraigada en la realidad. Por lo tanto, es más fácil llegar al problema subyacente y resolverlo, mientras que la ansiedad es algo contra lo que debe luchar en un nivel mucho más profundo. Por tanto, no es de extrañar que la preocupación también tienda a ser mucho más temporal que la ansiedad, que puede persistir, evolucionar y volverse aún más compleja e irrazonable. En los términos más simples posibles, la preocupación es normal; la ansiedad no lo es.

Ansiedad y Miedo

La relación entre el miedo y la ansiedad es muy similar a la de la ansiedad y la preocupación. Al igual que la preocupación, el miedo es natural, normal e incluso útil, por lo que se diferencia de la ansiedad a pesar de que es uno de sus síntomas comunes. El miedo es aún más específico y enfocado que la preocupación. Mientras que su ansiedad es difusa, su respuesta al miedo suele ser provocada por algo muy real e inmediato, algo que se identifica fácilmente. A diferencia del sentimiento general de pavor que le atormenta en situaciones sociales aparentemente normales, su miedo es lo que le alerta del peligro, le permite saber cuándo actuar y le mantendrá vivo en la naturaleza.

El miedo puede presentar muchos de los mismos síntomas que la ansiedad, en particular síntomas físicos. Puede hacerle sudar o temblar, y puede aumentar su frecuencia cardíaca, pero la diferencia es que la amenaza es real, mientras que, con ansiedad, es imaginada o desproporcionada en su mente. Tanto el miedo como la ansiedad se pueden causar o empeorar mutuamente.

Una vez más, a diferencia de la ansiedad, el miedo es algo que no es crónico y no tiene el potencial de arruinar su vida. Aparecerá y se irá, y por desagradable que sea, desaparecerá cuando ya no sea necesario o justificado. En situaciones sociales, el miedo puede estar justificado en muchos casos, especialmente cuando se trata de desconocidos. Es natural responder con al menos un poco de miedo si alguien se le acerca en un callejón oscuro. Su mente está analizando el escenario y parece que existen bastantes posibilidades reales de peligro, por lo que le advierte sobre ello. Por otro lado, si reacciona a la interacción de la misma manera cuando va al banco, por ejemplo, lo más probable es que tenga ansiedad social en lugar de miedo a una amenaza real.

En cierto modo, el miedo es ansiedad y la ansiedad es miedo. Esto se debe a que son de naturaleza muy similar, mientras que solo su causa raíz es diferente. También es esa diferencia de causas lo que hace que la ansiedad sea un sentimiento persistente y molesto, mientras que el miedo es muy temporal. La ansiedad persiste porque es provocada por amenazas tan vagas y abstractas que solo existen en el escenario proyectado e imaginado que ha surgido en su mente. Es difícil resolver un problema que realmente no puede ver o ni siquiera describir a otra persona, por lo que la ansiedad permanece y le persigue.

Después de un tiempo, puede llegar a un punto en el que su ansiedad haya causado suficiente daño tangible a su vida como para comenzar a temer la ansiedad misma. ¿Y por qué no lo haría usted? Si ha dañado su carrera, le ha causado vergüenza y ha devastado su vida social, su ansiedad social es una amenaza para usted, muy real y objetiva. Sin duda, es una mezcla inusual de lo real y lo abstracto, ya que la ansiedad en sí está solo en su mente, pero es un círculo vicioso muy real en el que se involucran muchas personas que padecen de TAS.

Como puede ver, el miedo, la preocupación y la timidez tienen conexiones y relaciones con el trastorno de ansiedad social, y por qué no son sinónimos, desempeñan un papel destacado. Las tres cosas pueden ocurrir de forma natural, pero cuando la ansiedad social está en juego, las tres pueden volverse persistentes y agotadoras. Como aprenderá a través de este libro, todo este problema se puede abordar desde ambos extremos. Es decir, algunas personas han superado con éxito sus trastornos de ansiedad social atacando sus miedos y preocupaciones de frente. Por otro lado, algunos prefieren abordar el trastorno a través de la terapia y otros enfoques similares que van directamente a la enfermedad.

En cualquier caso, el resultado será el mismo si tiene éxito. El aspecto crónico e irracional de estos sentimientos es lo que debe eliminar de su vida. Seguirá sintiendo miedo y preocupación, por supuesto, e incluso puede volverse tímido en ocasiones, pero ya no estará al capricho de su ansiedad impredecible y omnipresente. En cierto modo, el objetivo no es solo interactuar y socializar como una persona normal, sino también temer y preocuparse como una persona normal y sana.

Capítulo Cuatro: Diez Miedos Comunes de los Introvertidos

Como ya comentamos, la introversión es algo que la gente suele confundir con ansiedad social. Independientemente, la ansiedad social es a menudo parte de la vida de un introvertido, por lo que los dos se correlacionan. Debido a esto, podemos comprender mejor la ansiedad social si también comprendemos de manera adecuada la mente introvertida. En este capítulo, repasaremos algunas de las situaciones y experiencias que los introvertidos podrían temer o preferir evitar, especialmente si padecen ansiedad social. Esto debería ayudarlo a comprender mejor las diferencias entre la ansiedad y la introversión, pero también cómo pueden funcionar en conjunto algunas veces.

Esta lista también debería ayudarlo a categorizar algunas de sus experiencias y reacciones a ciertas situaciones. Por lo tanto, estará mejor equipado para identificar si está luchando contra la ansiedad o simplemente es introvertido. Para cada una de estas situaciones o entornos, también consideraremos cómo un individuo socialmente ansioso podría reaccionar ante ellos en comparación con alguien que es simplemente introvertido.

Conversación Casual

Como la mayoría de las cosas que discutiremos en este capítulo, las conversaciones casuales son algo que les resulta completamente natural a las personas que no tienen problemas con la interacción social. Es algo que está destinado a pasar el tiempo, permitirnos analizar a la otra persona o simplemente entretenernos. Los introvertidos generalmente no son fanáticos de las conversaciones casuales y las charlas sin sentido, en general, pero eso no siempre es porque lo temen.

Cuando la ansiedad social está en juego, sin embargo, la conversación casual asusta porque, en lugar de ser un pasatiempo simple, brinda una amplia oportunidad para sentirse juzgado y analizado. Una persona socialmente ansiosa pasará cada segundo de esa conversación casual obsesionada con su apariencia o sonido y constantemente preocupándose por lo que la otra persona pueda estar pensando sobre ella. Incluso cuando es obvio que el interlocutor no juzga ni nota nada extraño acerca de nosotros, la mente que padece de ansiedad social se verá opacada por un miedo irracional.

De hecho, las conversaciones casuales pueden ser una de las peores y más estresantes formas de conversación en las que se puede involucrar una persona socialmente ansiosa. Cuando una conversación es profunda, reflexiva, significativa y, lo más importante, interesante, cautivará la mente con mayor facilidad y desviará los pensamientos de ese camino ansioso. Debe considerar la forma en que piensa y actúa durante una conversación casual para ver dónde se encuentra en el espectro.

Multitudes

Este es algo evidente, pero las multitudes son algo que es muy difícil de manejar para los introvertidos. Los introvertidos preferirán entornos más tranquilos y calmados, como descansar en casa o sentarse con un grupo selecto de amigos cercanos. Como tal, los introvertidos tienden a evitar las multitudes simplemente porque no obtienen nada de la experiencia. Sin embargo, cuando también se sienten socialmente ansiosos, verán a las multitudes como una perspectiva amenazadora, no solo como una molestia.

El miedo se exacerbará si el introvertido socialmente ansioso está solo. Piensa en un escenario como estar solo en un bar o en una fiesta y cómo le haría sentir o cómo le hizo sentir si alguna vez lo hubiera experimentado. Los lugares repletos de gente hacen que algunas personas se sientan incluso más solas de lo habitual, especialmente si son introvertidas. Su ansiedad social también puede hacer que sienta que todos lo están juzgando, y este sentimiento puede hacer que las personas parezcan inaccesibles. Cuando se siente solo o excluido en un entorno así, el curso de acción normal es iniciar una conversación con alguien, pero la ansiedad social lo vuelve increíblemente difícil. Ver a otros entablar conversaciones sin esfuerzo y divertirse también puede empeorar las cosas.

Los introvertidos saludables preferirán sinceramente y de todo corazón sentarse en casa junto a la chimenea y leer un libro, y esa es la razón por la que no asisten a fiestas. Las personas socialmente ansiosas, por otro lado, no asistirán debido a sus miedos, aunque puedan añorar la experiencia.

Conociendo Nuevas Personas

Como acabamos de mencionar, la ansiedad social hace que sea increíblemente difícil acercarse a las personas e iniciar conversaciones, lo que hace que conocer gente nueva sea una tarea ardua. Lo que pasa con los introvertidos, incluso los socialmente ansiosos, es que es posible que ya tengan un par de amigos cercanos, especialmente si son amigos de la infancia, y todavía luchan por conocer gente nueva. Por eso, el hecho de que tenga algunos amigos no significa que no sea socialmente ansioso o introvertido.

Conocer gente nueva es difícil para las personas socialmente ansiosas tanto como una perspectiva y como una realidad cuando sucede. Algo con lo que los introvertidos saludables no deberían tener problemas es que un desconocido se acerque y entable una conversación con ellos. Cuando padece ansiedad social, la interacción es estresante incluso cuando la otra persona inicia el contacto y rompe el hielo. Puede comenzar a sentir los síntomas y luego comenzar a preocuparse de que la persona se percate de que algo anda mal en usted, y las cosas pueden salirse de control en poco tiempo. Conocer gente nueva es difícil para las personas socialmente ansiosas tanto como una perspectiva y como una realidad cuando sucede.

Dar un discurso

Dar un discurso es una pesadilla para muchas personas y puede ser estresante incluso para los extrovertidos, dependiendo de la situación y de la importancia del discurso. A los introvertidos no les agrada ser el centro de atención en las reuniones, y ciertamente prefieren mantenerse al margen mientras otros hablan en público. Para las personas socialmente ansiosas, por otro lado, dar un discurso es un escenario que probablemente más parecido al infierno.

Es lamentable que muchas personas normales no comprendan a los introvertidos, mucho menos a los que padecen ansiedad social. En entornos como bodas u otras reuniones familiares, los introvertidos a veces son presionados por otros a situaciones en las que deben hablar. Sin embargo, el problema es que la mayoría de las personas no son oradores talentosos y, por lo general, intentarán evitar ese papel de forma predeterminada, por lo que no implica necesariamente que la ansiedad social esté en juego.

Sin embargo, las personas normales podrán improvisar y no encontrarán la posibilidad de la vergüenza tan aterradora como las personas socialmente ansiosas. Como tal, si simplemente es renuente pero aún no comienza a sentir náuseas, mareos o pánico, es solo su introversión.

Transporte Público y Elevadores

El transporte público es un arma de doble filo cuando se trata de ansiedad social. Es difícil determinar qué es peor: cuando el tren o el autobús está absolutamente repleto de desconocidos o cuando solo está usted y una o dos personas más, lo que aumenta las posibilidades de que llame su atención.

El transporte público puede estar muy concurrido, por lo que es natural sentirse molesto cuando su espacio personal está siendo invadido y cuando se siente físicamente incómodo. Los introvertidos habituales lidiarán con estas condiciones ignorando el mundo a través de auriculares y música o leyendo un libro. Sin embargo, la ansiedad social puede hacer que incluso eso sea difícil, ya que la sensación de ser observado o juzgado a veces puede ser lo suficientemente intensa como para romper sus intentos de distracción.

Los ascensores son otra área problemática cuando padece ansiedad social. La ventaja es que el viaje en elevador generalmente termina muy rápido, pero el espacio confinado del elevador puede generar momentos bastante incómodos cuando se encuentran allí con solo otra persona. Una vez más, un introvertido común podrá mantenerse solo durante unos segundos y seguir con sus asuntos; sin embargo, con ansiedad social, ese corto viaje en ascensor puede ser increíblemente estresante y mentalmente agotador.

Oficinas Abiertas

Los introvertidos tienden a sentirse más cómodos en trabajos en los que pueden trabajar solos durante períodos prolongados o al menos se les otorga una oficina propia donde pueden retirarse. Las oficinas de planta abierta restringen severamente la privacidad, por lo que este puede ser un entorno muy agotador para un introvertido, especialmente cuando también hay que lidiar con la ansiedad social.

Sin embargo, ¡la capacidad del cerebro humano para adaptarse a una rutina es bastante impresionante! Si una rutina es lo suficientemente sólida y predecible, incluso una persona socialmente ansiosa puede acostumbrarse a un entorno como este. Si siempre están las mismas personas alrededor, con las mismas condiciones y el mismo tipo de trabajo e interacción, es posible que se acostumbre después de un tiempo y funcione normalmente en el trabajo. Tan pronto como se encuentre en una nueva situación o haya un cambio repentino; sin embargo, su ansiedad podría volver a aparecer.

Debido a esto, no debe confundirse si se encuentra hablando con sus compañeros de trabajo y trabajando con ellos sin problemas, pero posteriormente no interactúa con la gente en un bar o en algún otro lugar similar. Es más, los introvertidos pueden volverse increíblemente comunicativos y sociables una vez que se acostumbran a un círculo de personas, hasta un punto en el que, cuando se les observa de cerca, parecen extrovertidos.

Llamadas Telefónicas

Los brotes de ansiedad social no son exclusivos de las interacciones cara a cara. Hacer llamadas telefónicas es algo que a la mayoría de los introvertidos no les agrada, excepto cuando es con alguien con quien se sienten completamente cómodos. Sin embargo, la ansiedad social dificulta las llamadas telefónicas en un nivel completamente nuevo, especialmente cuando la llamada es importante o involucra a un desconocido.

Las personas normales pueden hablar por teléfono mientras hacen otras cosas en la casa o incluso mientras trabajan. Sin embargo, con ansiedad social, su mente no podrá concentrarse en otra cosa que no sea la llamada telefónica, y se sentirá congelado en su lugar o paseará nerviosamente por la habitación todo el tiempo. Los síntomas físicos de ansiedad y toda la incomodidad que conllevan pueden aparecer. Puede comenzar a tener dificultad para respirar y su voz puede comenzar a temblar.

Como de costumbre, cuando ocurren esos síntomas, habrá una alta posibilidad de que la otra persona se percate de que algo anda mal, empeorando aún más la ansiedad. Para las personas con ansiedad social, la única ventaja de las llamadas telefónicas es que, por lo general, se pueden interrumpir rápidamente. Aparte de eso, para muchos enfermos de TAS, las llamadas telefónicas son tan estresantes como las interacciones personales. Además, la telefonofobia es una fobia que existe, y es exactamente lo que se imagina. El miedo a hacer llamadas telefónicas y el miedo a la interacción social pueden esencialmente hacer que las llamadas telefónicas sean la forma de interacción más aterradora para algunos introvertidos.

Sorpresas

Las sorpresas, en particular aquellas que conllevan situaciones e interacciones sociales, son un gran enemigo de muchos introvertidos, especialmente los socialmente ansiosos. Las cosas que rompen las rutinas y causan trastornos que pueden conducir a situaciones inesperadas y personas inesperadas pueden ser aterradoras. Estas sorpresas pueden conllevar grandes cambios en el entorno laboral, por ejemplo, en cuyo caso están ahí para quedarse, pero también pueden presentarse en forma de situaciones más triviales como fiestas sorpresa.

Como puede imaginar, una situación social repentina e inesperada no es algo que se sepa que disfruten los introvertidos, y mucho menos cuando luchan con la ansiedad social. Si alguna vez le han organizado una fiesta sorpresa o ha experimentado algo similar, debe saber cómo le hizo sentir. Los extrovertidos sabrían inmediatamente cómo actuar y probablemente estarían felices de recibir tal atención, pero la introversión y la ansiedad social pueden provocar una respuesta de pánico.

Por supuesto, el principal problema con estas situaciones está en ser el centro de atención de todos en el lugar. Como de costumbre, ese tipo de atención es el mayor temor de una persona socialmente ansiosa. Aun así, las fiestas sorpresa pueden tener un efecto diferente en algunos casos. Para algunas personas, la ansiedad social es peor cuando se anticipa una situación social y cuando tienen mucho tiempo para obsesionarse con ella y pensar en un millón de escenarios negativos. Una fiesta sorpresa puede ocupar su mente de inmediato y no darle tiempo para pensar, lo que puede ser bueno con la ansiedad social.

Escrutinio

Cualquier tipo de escrutinio puede resultar difícil para las personas con ansiedad social, especialmente en público. Por lo tanto, cosas como las entrevistas de trabajo son muy difíciles para las personas introvertidas. Tampoco se trata solo de temer al escrutinio en sí. Puede terminar teniendo miedo de mostrar síntomas de ansiedad mientras lo examinan, incluso si confía en su conocimiento, habilidad o competencia.

Por ejemplo, las personas con ansiedad social a menudo tienen miedo de escribir frente a otras personas. Tienen miedo de que su mano comience a temblar y que la otra persona lo note. Es una de esas situaciones en las que la ansiedad y el miedo a esa ansiedad se alimentan y forman un ciclo estresante. Existen muchos otros ejemplos similares, algunos de los cuales probablemente haya experimentado en algún momento. Por lo tanto, las personas socialmente ansiosas pueden fallar donde no deberían.

Por ejemplo, pueden estudiar durante mucho tiempo y estar bien preparados para un examen, pero la insoportable incomodidad del escrutinio puede hacer que no pasen el examen. Es por eso que terminan sin obtener trabajos para los que están calificados o un ascenso que se merecen. Es injusto y equivale nada menos que a que le arrebaten todas las cosas buenas de la vida.

Vergüenza

Por último (pero no menos importante), la vergüenza, particularmente en público, es algo que es muy difícil de controlar para los introvertidos, ¡y mucho menos para los socialmente ansiosos! Como se mencionó anteriormente, en la mayoría de los casos de trastorno de ansiedad social, el miedo a la vergüenza es la esencia misma de la afección.

Ciertamente, todo el mundo puede sentirse avergonzado o humillado, pero la diferencia entre la gente normal y las personas con ansiedad social es que la primera no pasa mucho tiempo pensando en la posibilidad de la vergüenza, mientras que la segunda sí. La posibilidad de sentirse avergonzado suele ser lo primero que le viene a la mente a una persona socialmente ansiosa cuando considera una posible situación social en la que podría involucrarse. El miedo es el factor más decisivo que le hace evitar situaciones sociales o le llena de dudas.

Capítulo Cinco: Cómo Funcionan los Desencadenantes Psicológicos

Por supuesto, la ansiedad social no surge de la nada. Ya mencionamos uno o dos aspectos sobre la causa del trastorno en sí, pero ahora veremos qué sucede en su cerebro cuando ocurre un ataque de ansiedad individual. Este capítulo trata sobre comprender mejor su propia mente, además de conocer más sobre qué es la ansiedad social y cómo funciona.

También enumeramos varias situaciones potencialmente desencadenantes y cómo las personas introvertidas y socialmente ansiosas podrían reaccionar ante ellas. Estas situaciones pueden considerarse como desencadenantes psicológicos que conducen a arrebatos de ansiedad, pero ¿por qué y cómo sucede eso? ¿Qué es lo que está haciendo mal su mente y cómo puede empezar a arreglarlo? La verdad es que su mente e instintos están haciendo lo que fueron diseñados para hacer, pero lo están haciendo en el momento equivocado y en las circunstancias equivocadas.

Otro aspecto que veremos es el concepto de desencadenantes psicológicos en relación con cosas como el estrés postraumático.

Esta puede ser otra fuente de ansiedad social y de cualquier otro tipo, por lo que es otro tema importante para discutir ya que lo ayudará a comprender la ansiedad aún mejor.

El Funcionamiento Interno de la Ansiedad

Como mencionamos, su ansiedad es una respuesta de miedo que se vuelve crónica y gira en torno a objetos de miedo en su mayoría abstractos. Puede considerar su ansiedad como un mal funcionamiento de sus mecanismos naturales de supervivencia que, de otro modo, son útiles y necesarios. Es como si tuviera un importante y sofisticado sistema de alarma en su casa, que, desafortunadamente, suena todo el tiempo, a todo volumen sin ningún motivo, volviéndole loco.

Cuando funciona como debe, se supone que su respuesta de huida o lucha le estresa, pero eso es solo por un tiempo y porque está destinado a darle un impulso temporal para ayudarle a escapar o luchar contra la amenaza. Esto es algo que prácticamente todos los animales tienen de alguna forma. Es posible que se sienta inclinado a pensar que las fallas de este sistema, como la ansiedad, son exclusivamente humanas, pero eso no es cierto. Los animales pueden estar traumatizados, por ejemplo, haciendo que recuerden el trauma y experimenten una ansiedad severa cada vez que se lo recuerden.

Además, tome el ejemplo de un perro que estaba demasiado protegido y no expuesto adecuadamente al mundo como un cachorro. Estos perros a menudo crecerán ansiosos y temerosos en todos los entornos y situaciones desconocidos. No somos muy diferentes en ambos ejemplos. Nuestras ansiedades, sociales o de otro tipo, a menudo pueden estar vinculadas a traumas pasados que vuelven cada vez que se activa la memoria estresante internalizada, como veremos más adelante con un poco más detalle. Además de eso, cuanto más nos aislemos del mundo, peores serán nuestras inseguridades y ansiedades. Los niños que tienen problemas para socializar o están demasiado protegidos, por ejemplo, a menudo desarrollarán ansiedad social o una variedad de otros problemas de comportamiento. Por supuesto, como ya sabrá, estas cosas son solo algunas de las posibles causas de ansiedad. La dificultad de identificar la causa real subyacente es realmente una de las características de la ansiedad, para empezar.

Sin embargo, tenemos una comprensión bastante detallada del funcionamiento interno de la ansiedad y del proceso involucrado. Como de costumbre, su cerebro actúa primero y posteriormente el cuerpo lo sigue. Como la mayoría de las cosas, la ansiedad y el miedo tienen partes específicas del cerebro que son responsables de regularlos. Sabemos esto gracias a la tecnología de imágenes cerebrales y nuestra comprensión de los neuroquímicos y lo que hacen. En pocas palabras, las dos partes de su cerebro que suelen estar en el epicentro de casi todos los trastornos de ansiedad son la amígdala y el hipocampo.

Estas partes de su cerebro poseen roles que son muy importantes y se extienden mucho más allá de sus simples respuestas al miedo. Su amígdala, ubicada en lo profundo de su cerebro, es como una intersección o centro de comunicaciones. Las partes de su cerebro que registran y procesan las señales sensoriales y las partes que dan sentido a esas señales usan la amígdala para comunicarse entre sí. Al estar en tal unión, la amígdala está en condiciones de detectar aquellas señales que pueden interpretarse como amenazantes.

Como tal, la amígdala puede poner su cerebro en alerta y provocar una respuesta de miedo cuando sea necesario. Su amígdala también puede almacenar recuerdos que son de naturaleza emocional, como apegos o asociaciones entre ciertas cosas que ha experimentado. Por lo tanto, se cree que la amígdala desempeña un papel en todo tipo de cosas relacionadas con el miedo, incluidos los trastornos de ansiedad y las fobias.

Por otro lado, el hipocampo se ocupa específicamente de memorizar e internalizar eventos y experiencias en las que fue amenazado o se sintió como tal. El papel del hipocampo en aspectos como flashbacks, traumas, estrés postraumático y problemas similares aún se está estudiando. Hasta ahora, los investigadores han logrado confirmar que el hipocampo en personas que fueron expuestas a abusos cuando eran niños o que han participado en una guerra es más pequeño. No es el caso el 100% de las veces, pero existe una fuerte correlación, como lo describe el Instituto Nacional de Salud Mental.

Sin entrar en demasiados detalles científicos, otra cosa que debe tener en cuenta es el papel de los neuroquímicos en el proceso detrás de su ansiedad. Cuando su mente y cuerpo entran en su modo de huir o luchar, su cerebro aumentará la producción de sustancias químicas orgánicas como la norepinefrina y hormonas como el cortisol. El cortisol es especialmente famoso y se le conoce comúnmente como la hormona del estrés.

Ambas sustancias son completamente naturales y normales, ya que su función es brindarle aumentos importantes en situaciones potencialmente mortales. Su propósito es hacer que esté alerta, ágil y estimulado en general. Esto es lo que conduce a todos esos síntomas fisiológicos de los que hemos hablado, como un aumento de la frecuencia cardíaca y una respiración irregular. En este estado, su cuerpo y su mente ignorarán o cerrarán por completo muchos otros procesos para que ambos puedan concentrarse en una tarea simple, que es mantenerlo con vida.

En su caso, su mente se ha convencido de que es la amenaza de la humillación y la vergüenza lo que pone en peligro su vida, por lo que actúa en consecuencia. Tanto su mente como su cuerpo están haciendo lo que se supone que deben hacer, pero lo están haciendo por la razón equivocada, y ese es el núcleo del problema. Así surge la ansiedad y cómo funciona. La causa es una cosa, pero también existen factores desencadenantes, como los que hemos comentado en el capítulo anterior. También existen desencadenantes que pueden ser más personales e internalizados, en lugar de completamente externos.

Desencadenantes Psicológicos

Los desencadenantes psicológicos son algo que a menudo puede ser lo que pone en movimiento la ansiedad de un individuo. Los desencadenantes en sí mismos generalmente tienen una causa subyacente, como un trauma, por lo que realmente no pueden ser la causa de la ansiedad social por derecho propio. Sin embargo, pueden proporcionar la chispa que provoca una respuesta ansiosa, que, a su vez, puede conducir a una ansiedad exacerbada provocada por el miedo a estos desencadenantes.

Un desencadenante psicológico puede presentarse de muchas formas, incluidos olores, imágenes, sonidos u otras cosas que pueden desencadenar una respuesta traumática. Por lo tanto, los desencadenantes generalmente se asocian con cosas como el trastorno de estrés postraumático o TEPT. Estos desencadenantes son recordatorios y hacen emerger la memoria interiorizada y el miedo a un trauma que ha ocurrido en el pasado. Tales recordatorios de experiencias traumáticas suelen provocar ansiedad, ataques de pánico o al menos una intensa sensación de pavor. En casos más extremos, la víctima también puede experimentar flashbacks.

Estos vívidos estallidos de recuerdos involuntarios y precisos pueden sentirse como si la persona estuviera reviviendo el evento traumático nuevamente. Los flashbacks pueden conducir a una disociación completa, aunque temporal, del entorno y de la realidad actual. Las personas que experimentan flashbacks pueden "perder" el tiempo o desorientarse por completo durante un tiempo. Como tal, la ansiedad puede ser solo uno de los síntomas, y cuando tales respuestas ocurren en situaciones sociales, las personas traumatizadas pueden confundirse con simplemente estar socialmente ansiosas cuando, de hecho, el problema es aún más profundo.

Estos desencadenantes pueden incluir las cosas más simples e inofensivas, si estas cosas pueden, de alguna manera, sacar a relucir un trauma pasado. A veces, la respuesta también puede producirse como resultado de demasiado estrés, en cuyo caso el desencadenante ni siquiera es externo. Como probablemente pueda imaginar, un ejemplo simple de uno de estos factores desencadenantes puede ser un olor que la víctima ha olido durante el evento traumático. Un veterano de guerra, por ejemplo, puede ser provocado por el olor a pólvora. Realmente puede haber un millón de desencadenantes diferentes en un millón de historias personales de trauma diferentes.

Todavía no sabemos todo sobre cómo y por qué nuestras mentes internalizan y responden a estos factores desencadenantes de la forma en que lo hacen. Algunos creen que, una vez más, todo se remonta a nuestra respuesta de lucha o huida en situaciones percibidas como amenazantes. Lo más desconcertante sobre el trauma, los desencadenantes y todas estas otras cosas es que diferentes personas pueden verse afectadas de manera diferente por las mismas cosas. No todos los que fueron abusados cuando eran niños soportarán el trauma, algunas personas regresan de la guerra casi sin cambios, y algunas, aunque están traumatizadas, no necesariamente se desencadenarán ni estarán ansiosas.

Mencionamos anteriormente que su mente y cuerpo ignorarían varios procesos que no son esenciales para la supervivencia cuando surge una situación de huida o lucha. Uno de estos procesos es la formación de sus recuerdos a corto plazo. Aquí se encuentra una de las teorías sobre cómo funcionan los desencadenantes psicológicos. Es decir, es posible que su cerebro pueda tomar una experiencia traumática en curso y almacenarla en el archivador equivocado, por así decirlo.

En lugar de colocar este evento en la categoría de eventos pasados que se convierten en recuerdos regulares, como la vez que fue a la playa, su cerebro puede clasificar el evento como una amenaza continua. Como tal, cada recordatorio (desencadenante) traerá esa experiencia de vuelta a la superficie, incluso años después, y su cerebro será engañado para que piense que está sucediendo nuevamente. Su mente y cuerpo volverán a entrar en el modo de huir o luchar, y se apagará y no podrá controlar su ansiedad o pánico absoluto.

Puede imaginar cómo se desarrolla esto en el contexto de la ansiedad social. Si un trauma pasado gira en torno a la humillación pública, la intimidación o algo similar, no es difícil notar cómo las situaciones sociales más públicas podrían actuar como desencadenantes.

Otro aspecto que los expertos han estado analizando es el componente sensorial de los desencadenantes. Cosas como imágenes, sonidos, aromas y sabores son algunos de los bloques de construcción más fuertes para los recuerdos. Como tal, los recuerdos más intensos y vívidos suelen ser aquellos que incluyen estímulos sensoriales, especialmente el olfato y el gusto. Estos recuerdos también son los más fáciles de recordar, por lo que un detonante que involucre estos sentidos puede ser increíblemente poderoso.

Si alguna vez ha experimentado la aparición de recuerdos que pueden suceder cuando prueba un plato determinado u huele algo, entonces ha visto este mecanismo en funcionamiento. Su cerebro simplemente está programado para tomar nota especial de esa información sensorial, y eso entra en juego durante eventos regulares y traumáticos por igual.

Otro aspecto sobre estos desencadenantes sensoriales es que pueden funcionar solos, independientemente del contexto. Puede encontrarse en una situación que es completamente diferente a aquella en la que ocurrió el evento traumático, pero si siente el aroma detonante, por ejemplo, será suficiente para provocar una reacción.

Como tal, estos disparadores sensoriales también pueden ser bastante *sigilosos*. Es posible que se sienta ansioso o emocional incluso antes de darse cuenta de lo que está sucediendo y por qué, y es posible que ni siquiera note el aroma o lo conecte con lo que está sintiendo. Sin embargo, su cerebro nota estas cosas y, a menos que sepa escuchar, puede ser difícil llegar a la raíz del problema.

Lo que es particularmente complicado de todo esto es que tales desencadenantes pueden conducir a episodios que pueden malinterpretarse como ansiedad social. Por ejemplo, un desencadenante sensorial de un trauma pasado puede ocurrir mientras se encuentra en una situación social, lo que lleva a un brote de ansiedad o un ataque de pánico, incluso si el trauma no tiene nada que ver con situaciones sociales. Interactuar con personas en ese estado será difícil, por supuesto, por lo que podría parecer ansiedad social.

Las formas en que puede lidiar con estos detonantes son tan variables como los desencadenantes y sus causas. Si sus desencadenantes tienen que ver con socializar o si alberga traumas pasados asociados con situaciones sociales, entonces los métodos que discutiremos a lo largo del resto de este libro pueden ayudarlo. Sin embargo, como acabamos de comentar, los desencadenantes psicológicos pueden estar vinculados a diversas experiencias que no tienen que ver con socializar. En esos casos, podría ser una buena idea buscar ayuda profesional, especialmente si tiene dificultades para identificar la fuente de estos factores desencadenantes en primera instancia.

Especialmente debe acudir a un profesional si tiene motivos para creer que podría estar sufriendo de TEPT; es una afección muy grave que puede provocar una amplia gama de complicaciones, incluida una crisis nerviosa completa o incluso la muerte. La curación del TEPT puede ser un viaje largo y doloroso que requerirá no solo la ayuda de profesionales, sino también la de sus seres queridos.

Eso es lo que son los desencadenantes psicológicos y cómo funcionan, particularmente en el contexto del trauma, el estrés y la ansiedad. No es algo con lo que nadie deba tener que vivir, y ciertamente no es un problema que deba evitarse o solucionarse. Si ciertas cosas le provocan reacciones de ansiedad o pánico, debe abordar el problema en lugar de simplemente evitar el desencadenante. Por supuesto, si las reacciones son extremas, entonces la exposición total y abrupta no es el camino a seguir, pero la exposición gradual y el acondicionamiento generalmente serán parte del tratamiento en tales casos.

Capítulo Seis: Pensamientos Negativos – Identificarlos e ignorarlos

Como indudablemente ya se habrá dado cuenta, la ansiedad social se basa en gran medida en un ciclo de pensamientos negativos que generalmente son irracionales y hacen poco más que hacer que su mente se acelere y sus pensamientos se nublen. Aunque algunas de las preocupaciones que preocupan a las personas con TAS son universales, estos pensamientos negativos suelen variar de un individuo a otro. Un paso importante para vencer su ansiedad social será identificar sus pensamientos negativos y sus patrones mentales que conducen a una espiral descendente de ansiedad. Entonces tendrá que aprender cómo liberarse de estos pensamientos y, mejor aún, reemplazarlos por otros positivos.

Ya hemos mencionado brevemente la importancia de pensar positivamente, pero, en este capítulo, entraremos en más detalles sobre cómo exactamente puede categorizar el contenido de su mente y eliminar los pensamientos preocupantes. Volver a programar su cerebro de esta manera puede implicar mucho trabajo, y tiende a ser más difícil de lo que muchas personas anticipan, pero todas las personas que no padecen una enfermedad mental grave tienen la capacidad de controlar sus pensamientos y volver al asiento del conductor, y usted también puede lograrlo.

Comprender e Identificar Patrones de Pensamiento Negativos

Los pensamientos negativos pueden resultar extrañamente atractivos para una mente que está acostumbrada a ellos. Es más, cuando se deja llevar por ciertos pensamientos negativos durante un tiempo, pueden crecer fácilmente y empeorar con el tiempo. Debido a que nuestros cerebros responden naturalmente a los patrones, a veces tienen una forma extraña de enredarse en patrones de pensamiento negativo. Así es como sus pensamientos pueden girar incontrolablemente y conducir a un colapso total de la razón durante un episodio de ansiedad.

Es posible que se acostumbre tanto a estos pensamientos que llegue a un punto en el que ni siquiera sepa que los pensamientos que tiene son negativos y perjudiciales para usted. Por lo tanto, el primer paso es aprender a identificar los pensamientos negativos y encontrar los patrones en su pensamiento que deben ser tratados.

Después de un tiempo de vivir con baja autoestima y profundizar constantemente en pensamientos negativos, es probable que también desarrolle pensamientos negativos automáticos. Estos son pensamientos que se asemejan más a una especie de reflejo de autocrítica que se produce cada vez que se piensa en una posible situación social. Por ejemplo, si, al ser invitado a una fiesta, lo primero que le viene a la mente es que se burlarán de usted o que simplemente se avergonzará, entonces está atrapado en un ciclo de pensamientos negativos automáticos. Esto suele ser el resultado de una ansiedad social prolongada que no se controla.

Este tipo de pensamiento puede convertirse rápidamente en una rutina, ya que su mente no hace más que reconocer patrones y sentirse cómoda en una rutina. Se subestima el grado en que sus pensamientos pueden influir y moldear sus sentimientos y su vida, en general. Eso se aplica tanto a los pensamientos conscientes como a los más involuntarios y automáticos.

Dado que están tan profundamente arraigados e involuntarios, sus pensamientos automáticos pueden ser bastante esquivos, por lo que identificarlos puede requerir algo de trabajo. Una de las formas de lograrlo es escribir tantos pensamientos como pueda, especialmente aquellos que tienen que ver con la imagen que usted tiene de sí mismo y la opinión que tiene de sí mismo. El contenido de nuestra mente tiende a verse muy diferente cuando lo ponemos en papel; en el papel, podemos echar un vistazo más objetivo e inspeccionar esa información con más imparcialidad.

Debe intentar hacer esto sobre la marcha, escribiendo los pensamientos precisamente cuando suceden en lugar de sentarse por la tarde y tratar de recordar los pensamientos. Puede usar su teléfono o un pequeño cuaderno para este propósito y simplemente escribir lo que se le ocurra en notas simples. A medida que escribe, es probable que tenga aún más pensamientos en su cabeza y, debido a que estará escribiendo, todos ellos aparecerán más claros. No se concentre demasiado en juzgar estos pensamientos o pensar en ellos. Por lo general, es incluso mejor si simplemente las escribe y posteriormente analiza las notas más tarde.

Es posible que se sorprenda al saber cuánta negatividad hay en sus pensamientos y cuán rápido es para complacerlos. Con la ansiedad social, su mente se verá inundada por pensamientos negativos en situaciones sociales normales, no solo situaciones en las que se sienta avergonzado o experimente algún tipo de falla. Este hábito de saltar rápidamente a un torbellino de negatividad se conoce como "sesgo de negatividad" por muchos neurocientíficos y psicólogos.

Y eso es precisamente lo que es: simplemente tiene un sesgo hacia el lado negativo de las cosas, y eso es lo que necesita cambiar o al menos controlar. Lo que pasa con su sesgo de negatividad es que es natural hasta cierto punto, una vez más se remonta a los instintos de supervivencia de nuestros días de cavernas. La suposición del peor de los casos fue útil y les salvó la vida a nuestros antepasados en la naturaleza, pero en estos días, puede ser una molestia. Por supuesto, los problemas reales comienzan cuando el sesgo de negatividad llega al extremo.

Todo este proceso fue descrito en detalle por Rick Hanson, un neurocientífico y autor de <u>Buddha's Brain.</u> En este libro, Hanson describe la propensión de su mente a concentrarse en lo negativo sin tener en cuenta las experiencias positivas. Cuando tiene aún más experiencias negativas que la persona promedio, lo que está casi garantizado con la ansiedad social, su cerebro eventualmente se obsesionará con su enfoque en el lado negativo de todo.

Patrones Comunes de Pensamiento Negativo

Los patrones y ciclos de pensamiento intensamente negativo pueden variar mucho de una persona a otra, pero algunos patrones son universales y la mayoría de las personas ansiosas los experimentan en algún momento. Es probable que se identifique con la mayoría, si no con todos, si padece ansiedad social. Sin embargo, incluso sin ansiedad, muchas personas pueden seguir cayendo en estos patrones al menos durante un tiempo en algún momento de sus vidas.

Un ejemplo de un patrón de pensamiento negativo es lo que se puede denominar hostilidad cínica. Este es especialmente característico de la ansiedad social e incluso de la mera introversión. Como puede haber deducido del término en sí, esta es una actitud de profunda desconfianza y hostilidad, ya sea interna o expresada, hacia otras personas. Esto tiende a suceder cuando una persona pasa suficiente tiempo con desdén por la interacción social o ha acumulado suficientes experiencias negativas.

Por supuesto, la parte problemática es que estas experiencias negativas podrían haber ocurrido debido a la ansiedad social de la persona. Esto significa que la experiencia negativa podría no haber sido culpa de otras personas o, en algunos casos, incluso real. La ansiedad social ciertamente puede generar ansiedad y convertir una interacción en un recuerdo desagradable, incluso si no sucede nada particularmente problemático. La simple sensación de ansiedad puede ser suficiente para crear un fuerte disgusto por las personas, incluso cuando la interacción se desarrolla objetivamente bien.

La hostilidad cínica le hará ver lo peor de las personas y siempre asumir que están haciendo o planean hacer algo en su contra. Es característico de los cínicos hostiles asumir que la otra persona está tratando de engañar o mentir de alguna manera, y la suposición de que el cínico está siendo juzgado también es omnipresente. En casos graves, las personas pueden comenzar a proyectar esto incluso en sus seres queridos y en las personas con las que han estado cerca durante años.

Esto puede arruinar las relaciones y provocar todo tipo de padecimientos y trastornos emocionales en su vida. Sin mencionar que algunas investigaciones sugieren que existe una correlación entre la hostilidad cínica y los problemas cardíacos más adelante en la vida. Tal vez el peso de mantener la guardia en alto y preocuparse siempre por quién está tratando de herirlo puede agotarlo después de un par de décadas.

La rumia negativa es otra importante, especialmente cuando se considera la obsesión de la ansiedad. La rumia negativa es el equivalente psicológico y mental de una rueda de hámster o un automóvil atascado en el barro. Ejerce mucha energía y le agota, pero finalmente no le lleva a ninguna parte. Este patrón es la introspección y la autorreflexión llevadas al extremo, particularmente al extremo negativo.

Ocurre cuando habitualmente se obsesiona con los aspectos negativos percibidos de sí mismo, reflexionando sobre ellos de manera excesiva y, con mucha frecuencia, repetidamente. También es posible rumiar negativamente hacia afuera, como cuando se obsesionas con escenarios negativos y resultados en situaciones que ni siquiera han sucedido. Lo mismo puede aplicarse a eventos pasados que le han dejado avergonzado. La rumia negativa es cuando no puede dejar de pensar en lo que hizo mal o en lo que podría haber hecho mejor, hasta el punto de volverle casi loco.

Este error mental puede exacerbar su ansiedad y provocar muchos otros problemas como depresión, baja autoestima, cambios de humor, etc. Muy pronto, es posible que se sorprenda pensando demasiado en el hecho de que se siente ansioso y deprimido, lo que puede convertirse en una obsesión en sí mismo.

A continuación, tiene su antiguo pensamiento excesivo. Pensar demasiado también puede tomar la forma de perfeccionismo y, por lo general, conduce a la indecisión, la desgana, el miedo y la ansiedad. En el centro del problema se encuentra la falsa noción de que es posible evitar todos los errores y eliminar todos los riesgos de la ecuación, lo que, por supuesto, es imposible. Es muy probable que esté familiarizado con este patrón de pensamiento.

Mientras que la gente común puede involucrarse sin problemas en situaciones sociales e interactuar sin siquiera pensar en ello, las personas con ansiedad social tienden a obsesionarse con hacer todo bien antes de seguir adelante. Esto solo aumenta la ansiedad y su desgana, a menudo preferirá simplemente alejarse.

Estos son solo algunos de los patrones de pensamiento negativo con los que quizás esté familiarizado. Quizás esté tan acostumbrado a ellos que esta es la primera vez que escucha que este tipo de pensamiento es malo para usted. De hecho, estas trampas mentales pueden parecer engañosamente naturales cuando padece ansiedad, pero en realidad son excesivas y hacen que las cosas sean mucho más difíciles de lo que deberían ser.

Cambiando Su Mentalidad

Una vez que se haya familiarizado con la forma en que funciona su mente e identifique los pensamientos problemáticos que necesita dejar atrás, su siguiente paso es cambiar su forma de pensar y toda su mentalidad hacia lo positivo. No se trata solo de tener un pensamiento feliz cuando se siente mal. El objetivo final es cambiar permanentemente su perspectiva y cambiar su forma de pensar a largo plazo.

Tome los patrones que acabamos de discutir, por ejemplo. Existen métodos que puede comenzar a implementar de inmediato, que realmente pueden alterar su perspectiva y hacer que vea el mundo desde una nueva perspectiva. Si se ha identificado con una hostilidad cínica, debe intentar tomar nota mental de cuándo está teniendo esos pensamientos y tratar de encontrar alternativas. En cierto modo, debes intentar involucrarse en ese patrón y hacer un esfuerzo consciente para reemplazar el pensamiento.

El ejemplo más simple es cuando la gente le hace un cumplido. Una persona cínicamente hostil casi siempre asumirá que existe un motivo oculto en juego y que la otra persona simplemente le está halagando porque quiere algo. Por supuesto, ese no suele ser el caso, y un cumplido tiende a ser solo eso: un cumplido. Intente adoptar la misma mentalidad para todo tipo de comportamientos que haya interpretado negativamente en el pasado.

Ponga su juicio y suposiciones negativas a raya, y no deje que sean la primera respuesta automática. Puede hacer esto centrándose en la evidencia o en la falta de ella. Cuando empiece a pensar que la otra persona está conspirando o juzgando a usted, pregúntese si tiene siquiera un poco de evidencia para respaldar esa suposición. Existen muchas posibilidades de que no tenga ninguno. En pocas palabras, debe intentar aplicar el antiguo principio de presunta inocencia.

La rumia negativa es aún más fácil de superar. Dado que es un ciclo de repetición, todo lo que debe hacer es romper ese ciclo tan pronto como note que está surgiendo. No se limite solo a los pensamientos que tienen que ver con su ansiedad social o introversión. Siempre que se encuentre rumiando, no importa de qué se trate, debe romper el ciclo. Todo lo que debes hacer es darle a su mente alguien más con quien jugar, idealmente algo productivo y constructivo. Los pasatiempos creativos son una excelente alternativa a estar sentado y obsesionarse con pensamientos que solo le causan sufrimiento. No importa qué esfuerzo creativo sea o cuán poco calificado sea; el punto es tener la mente ocupada.

También puede simplemente ir a pasear a su perro o ir a la tienda y abastecerse de comestibles o participar en varias otras actividades serviles para mantener sus pensamientos a raya. Sin embargo, las dos cosas que no debes hacer son beber alcohol y comer en exceso solo para anegar su mente. Estas son soluciones inadecuadas que casi siempre harán más daño que bien.

En cuanto a pensar demasiado, el cliché de que debe hacerlo sin duda es cierto. Eso no quiere decir que no deba pensar en sus acciones en absoluto, ni mucho menos, pero el tiempo que invierte pensando debe reducirse. Especialmente debe reducir ese tiempo cuando se trata de tomar acciones inofensivas como hablar con la gente. Es natural pasar un tiempo pensando antes de tomar decisiones importantes en la vida, por supuesto, pero pensar en un millón de escenarios y resultados (negativos) antes de comenzar una conversación con un desconocido en el parque prácticamente no tiene ningún propósito. Además, lo único que debe darse cuenta e internalizar por completo es que está correcto equivocarse y que incluso si se avergüenza, las consecuencias serán objetivamente inofensivas.

De lo que estamos hablando es de algo parecido al enfoque de "aviso-cambio-cableado". Esta es una estrategia bastante simple para ayudarle a reconfigurar su cerebro y cambiar su enfoque hacia el lado positivo de las cosas. Esta es una estrategia bien desarrollada y probada que ha estado en proceso durante mucho tiempo y ha evolucionado durante años.

Básicamente, el primer paso consiste en notar ese sesgo de negatividad en su mente. Como hemos comentado, se trata de sorprenderte en el acto. Probablemente se necesite algo de práctica para alcanzar este nivel de conciencia, pero ciertamente es factible. Asegúrese de utilizar los consejos que discutimos, como escribir sus pensamientos, al menos al principio.

El paso de "cambio" incluye todos esos cambios de pensamiento que hemos mencionado. Sin embargo, en general, si está tratando de escapar de la negatividad general lo más rápido posible, un enfoque recomendado es utilizar la gratitud. De hecho, solo pensar en al menos una cosa por la que esté agradecido en su vida puede conectarse ahora y poner sus pensamientos obsesivos y negativos en una perspectiva más manejable. Debe recordar que siempre existe algo. Incluso si está en quiebra, es posible que aún conserve su salud. Y si está enfermo, probablemente tenga a sus padres. Si mira lo suficiente, siempre habrá algo.

El último paso que tiene que ver con el "recableado" es la clave y el objetivo final de todo el proceso. Eso es lo que esencialmente estará haciendo: recablear su cerebro y cambiar sus hábitos. Todos los esfuerzos que acabamos de comentar se pueden realizar sobre la marcha e integrarlos en su rutina diaria. Todo lo que debe hacer es recordar incorporarse al presente, ser más consciente de sus pensamientos y ponerse a trabajar reemplazando los no deseados para deshacerse de este peso muerto. El ejercicio que discutiremos en el próximo capítulo también puede ser útil en ese sentido.

Capítulo Siete: Cómo la Atención Plena Puede Ayudar con la Ansiedad Social

Cuando se trata del lado cognitivo de vencer su ansiedad social, la atención plena puede ser una herramienta indispensable. Después de todo, la atención plena en sí misma tiene que ver con la cognición y la forma en que piensa. En los términos más simples, la atención plena implica estar realmente presente y comprometido con el momento en el que se encuentra. Es un ejercicio mental que le ayuda a racionalizar sus pensamientos, calmar el ruido mental y, en última instancia, tranquilizar su mente. Es esencialmente un ejercicio de meditación, pero no permita que eso lo desanime, ya que no es un ejercicio complicado o particularmente avanzado y puede ser realizado por personas no profesionales sin ningún problema.

El valor de la atención plena para combatir la ansiedad social radica en que está destinado a despejar la mente y agilizar sus pensamientos, bloqueando el ruido mental que induce la ansiedad y que causa su problema. Si bien puede luchar en otros frentes para aumentar su confianza y cambiar su perspectiva de negativa a positiva, por ejemplo, la atención plena puede ser una herramienta adicional para ayudarlo a controlar su mente para una mayor conservación. En este capítulo, analizaremos en detalle qué es realmente la atención plena y cómo puede usarla para combatir la ansiedad social.

¿Qué Es la Atención Plena?

En términos prácticos, la atención plena es un proceso que es de naturaleza meditativa y se enfoca en cambiar su atención de cierta manera. De esa manera es hacia cada momento presente en el que se encuentre, sin preocuparse por los escenarios futuros o pensar en los pasados. El objetivo es ayudar a una mente confusa a aclararse, eliminar el ruido de fondo y concentrarse intensamente en lo que está a la mano sin juzgar. La meditación a consciencia o las actividades de atención plena se pueden infundir en todo tipo de cosas cotidianas que de otra manera serían serviles, como respirar, comer, caminar, etc.

Ciertamente, estar "presente" puede parecerle como un objetivo de naturaleza bastante abstracta, pero las recompensas que se obtienen al alcanzar ese estado son las que buscará. Estos pueden incluir reducción del estrés, equilibrio emocional, resistencia emocional y mental, claridad mental, calma, concentración, concentración e incluso beneficios físicos. Como ya puede notar, muchas de esas cosas se traducen en su lucha contra la ansiedad social. Imagine poder bloquear todos esos pensamientos negativos y silenciar la voz interior que le sigue diciendo que está amenazado. Por lo tanto, la atención plena es útil para detener los síntomas de su TAS.

La atención plena y las prácticas meditativas asociadas se remontan a las tradiciones budistas como el Zen y la Vipassana. Como tal, se ha practicado en las tierras nativas del budismo en Asia durante milenios. La práctica comenzó a ganar terreno y se popularizó en Occidente durante el siglo XX. Como muchas otras prácticas orientales como el yoga y otras formas de meditación, la atención plena es algo que obtiene cada año mayor interés en Occidente.

Ya sea que esta popularidad se deba o no al exotismo percibido, la meditación sin duda ayuda a miles, sino millones, de personas cada año. Además de ayudar con los problemas relacionados con el estrés, la atención plena también se usa para aliviar los síntomas de la depresión e incluso combatir la adicción a las drogas. Además, la atención plena no es algo que solo practiquen las personas en su propio tiempo en Occidente. De hecho, la atención plena se ha utilizado en todo tipo de entornos, desde escuelas y prisiones hasta todo tipo de instituciones mentales.

La época alrededor de 1970 fue una especie de punto clave para la atención plena porque comenzó a recibir más atención de la psicología convencional después de esa época. La investigación realizada sobre el tema desde entonces ha sido bastante extensa, aunque se necesita más.

El éxito y la utilidad de la atención plena para resolver muchos de los problemas que mencionamos anteriormente han sido documentados y puestos a prueba por la ciencia, con resultados muy positivos. Se ha descubierto que la atención plena ayuda a combatir varios problemas mentales al mismo tiempo que ayuda a aliviar algunos problemas más simples como la preocupación excesiva. Algunas investigaciones incluso han sugerido que la atención plena es una herramienta útil para prevenir problemas de salud mental. Habrá que realizarse más investigación en el futuro, pero tal como están las cosas ahora, la atención plena es una técnica probada, al menos en una parte considerable de sus afirmaciones.

Además de hacerse más presente y concentrado, la atención plena también debería ayudarle a ponerse en contacto con sus emociones y a ser más consciente de sí mismo. Debido a que la atención plena se trata de enfocarse en las cosas sin juzgar, no lo llevará a reflexionar sobre pensamientos negativos y a sentirse peor.

La idea es ser más consciente únicamente como un medio para conocerse mejor a sí mismo.

También vale la pena mencionar que el proceso y el objetivo final de la atención plena se pueden lograr a través de diversos ejercicios de meditación. Además de ser una práctica, la atención plena también es un estado mental, y los caminos que lo conducirán son varios. Algunas personas incluso contratan entrenadores personales y otros expertos en meditación para guiarlos a través de ejercicios de meditación que pueden ayudar a lograr la atención plena. Aun así, no tiene que hacerlo porque la atención plena puede ser increíblemente fácil de practicar.

La atención plena tampoco le quitará mucho tiempo. Si lo desea, podrá dedicarse a la meditación de atención plena durante unos 40 minutos al día, pero también puede dedicar mucho menos tiempo que eso. Dependerá de usted decidir si desea realizar sesiones de meditación en casa y realmente dedicar ese tiempo y esfuerzo a convertirlo en una rutina o si desea hacerlo sobre la marcha. Como mencionamos anteriormente, la atención plena funciona bien con todo tipo de actividades diarias y puede adaptarse perfectamente a tu vida, que es lo que hace que la atención plena sea tan accesible para todos.

Atención Plena para la Ansiedad

Entonces, ¿cómo hace exactamente para practicar la atención plena, especialmente teniendo en cuenta la ansiedad social? No es mucho más difícil de lo que parece. Es decir, se trata de elegir un objeto de enfoque y luego usar ese objeto para aterrizar en el presente. Este objeto puede ser cualquier cosa, desde su patrón de respiración hasta una conversación que pueda tener con alguien.

Debido a que una de las ideas centrales es el no juzgar, el objetivo es mantener una cierta distancia entre usted y lo que está observando y enfocando, y especialmente entre usted y sus reacciones emocionales. Si desea tomarse un tiempo de su día y disfrutar de una sesión de meditación para lograr la atención plena, no necesitará ningún equipo o experiencia especial. Todo lo que necesita es algo de tiempo y un espacio tranquilo donde no le molesten. Debe elegir un momento del día en el que su horario sea más accesible y colocar su teléfono y otras distracciones similares en otra habitación o apagarlas.

Si desea hacer las cosas más fáciles y más parecidas a la meditación avanzada, puede conseguir un cojín o un tapete suave para sentarse y asumir una postura meditativa. Un ejemplo común es sentarse en el suelo con las piernas cruzadas y las manos descansando completamente relajadas sobre los muslos. Lo importante es estar relajado y cómodo físicamente y minimizar las distracciones. Mantenga la espalda recta y no se encorve, pero tampoco la coloque demasiado rígida. Una vez más, realmente no existe un conjunto de reglas rígidas cuando se trata de la atención plena, y puede funcionar incluso si se sienta en una silla, siempre que se sienta cómodo. La cuestión es que, si es un principiante, sentirse cómodo y preparar las cosas de esta manera puede ser una mejor y más exitosa introducción a la atención plena.

También puede preferir bajar un poco la barbilla y mirar hacia abajo, y también puede cerrar los ojos si lo desea. Cerrar los ojos puede ser útil si es un principiante que tiene dificultades para permanecer concentrado porque cerrar los ojos le impedirá cualquier cosa que pueda hacer que su mente divague. Aparte de eso, no es necesario cerrar los ojos. La ropa que lleva es mucho más importante cuando se trata de comodidad. No debe meditar con sus jeans u otra ropa restrictiva que le recuerde que está ahí. Pruebe con ropa suelta y suave.

La diferencia entre la atención plena y muchos otros tipos de meditación es que su objetivo no es calmarse o incluso desconectar su mente. Una vez más, el objetivo final es simplemente la conciencia en el pleno significado de la palabra. Una vez que se haya posicionado de la manera que prefiera y se haya puesto cómodo, puede comenzar con el trabajo mental real de la atención plena.

El objeto de enfoque más simple que utilizan la mayoría de los principiantes es la respiración. No intente controlar su respiración o respirar de una manera que crea que es correcta. Simplemente continúe respirando como lo haría de otra manera y observe: no influya ni analice nada. Trate de seguir su respiración enfocándose en las sensaciones físicas que crea cada respiración porque esto hace que sea más fácil concentrarse. Concéntrese en cosas como el paso del aire a través de las fosas nasales y los movimientos del diafragma y el pecho.

La idea es intentar entonces mantener su atención únicamente en su respiración durante el mayor tiempo posible. Con la mayoría de las personas, especialmente los principiantes, su atención inevitablemente comenzará a desplazarse hacia otras cosas, generalmente sus propios pensamientos. Cuando esto sucede, no ha fallado, ya que no hay nada en lo que realmente fallar. Simplemente vuelva a centrar su atención en la respiración, pero hágalo gradualmente después de aproximadamente un minuto.

Debe retrasar su reenfoque porque, como mencionamos anteriormente, es importante distanciarse de sus reacciones. Lo mismo ocurre cuando comienza a sentir picazón o le incomoda la pierna. No reaccione a estas cosas de inmediato. Si su mente está particularmente inquieta y sigue divagando, también está correcto. Deshágase de todo juicio y expectativa. Su único objetivo es intentar estar presente mientras observa lo que hace su mente con eso.

Deje que los pensamientos sigan su curso sin analizarlos y luego intente volver a concentrarse en su respiración después de un rato suavemente. No juzgar sus pensamientos o la forma en que reacciona su cuerpo y no tener expectativas de su meditación es más difícil de lo que parece. Sin embargo, después de un tiempo, comenzará a encontrar más fácil mantenerse enfocado por más tiempo, y eventualmente comenzará a sentirse más firmemente arraigado en el momento presente en lugar de estar subyugado a su mente y sus escenarios y obsesiones sobre el futuro o el pasado. Eso es todo lo que hay que hacer cuando se trata de la atención plena.

Atención Plena Sobre la Marcha y Consejos Adicionales

También mencionamos que realmente no es necesario reservar un tiempo específico y hacer de la meditación de atención plena una actividad designada. De hecho, la alternativa es esencialmente meditar sobre la marcha. Como comentamos, la atención plena puede ir de la mano con muchas de las cosas serviles y aparentemente mundanas que realiza a diario. Puede comenzar a practicar la alimentación consciente, hablar, hacer ejercicio, caminar o incluso cepillarse los dientes. Prácticamente no hay límite.

En ese sentido, usará estas cosas como objeto de enfoque, tal como usaría su respiración en el ejercicio que mencionamos anteriormente. Pregúntese con qué frecuencia está pensando en comer mientras come. Es probable que eso suceda muy raramente porque está muy acostumbrado y tiende a hacerlo de forma mecánica. Además de eso, tiene preocupaciones en su mente y, a menudo, su mente vagará hacia esos pensamientos mientras almuerza.

En lugar de revolcarse en sus pensamientos, considere lo que aprendió anteriormente y aplique los mismos principios a su comida. Trate de ser consciente de aspectos como el sabor, la cantidad de veces que mastica o el aroma. Una comida sencilla le brinda muchas más oportunidades de ser consciente que un ejercicio de respiración. En general, trate de ser más consciente de todo lo que hace en la vida diaria y concéntrese siempre en lo que está haciendo en ese mismo momento. Incluso si hace precisamente eso, estará practicando la atención plena. Y esa es la elección que tiene: puede formalizar su ejercicio de meditación y crear un régimen para usted, o puede introducir la atención plena en su vida habitual.

Cuando se trata de la meditación, si continúa teniendo grandes dificultades para evitar que su mente se acelere cuando se sienta a meditar, y si estas dificultades persisten durante mucho tiempo, existen formas de facilitarle las cosas. Algo que puede intentar es acortar sus sesiones de meditación. Mencionamos que puede participar en sesiones de 40 minutos, pero un simple ejercicio de 10 minutos puede funcionar adecuadamente. Cuando sus sesiones son largas y constantes no logra concentrarse, puede resultar difícil no sentir que fracasó, por lo que es mejor meditar en sesiones cortas.

Otra herramienta que conocerán todos los que estén familiarizados con la meditación es un mantra. Como la meditación misma, los mantras ("sonidos sagrados" o "expresiones sagradas") se originan en la India y son una parte integral de muchos ejercicios de meditación. Un ejemplo es el mantra Om. En los términos más simples, este es un canto que los meditadores usan para enfocar su mente y calmar sus pensamientos. La naturaleza del sonido "Om" es tal que puede cantarse durante mucho tiempo y con intensidad variable. Si no está familiarizado con los mantras y no puede entender cómo se escuchan, hay muchas grabaciones de ellos en Internet. Un mantra no es solo un sonido en el que enfocarse y ser consciente; también proporciona una cierta vibración y sensación cuando se canta, lo que puede ayudar a la meditación.

Probablemente ahora pueda entender por qué la atención plena en todo tipo de situaciones puede ser tan poderosa para suprimir su ansiedad social. Un enfoque erróneo tiene mucho que ver con la aparición de la ansiedad en cada entorno, y si practica la atención plena mientras interactúa con las personas, su mente puede estar mucho más tranquila.

También debe recordar que la ansiedad social puede empeorar por factores como el estrés crónico, y debe saber que existen muchos otros ejercicios que puede realizar para reducir ese estrés y dominar mejor su mente en general. Existen muchos cursos de meditación, grupos de ejercicios y entrenadores personales que pueden ayudarle a adentrarse mucho más en el mundo de la meditación. Puede encontrar algo que sea perfecto para usted y pueda ayudarle a cambiar su vida de muchas maneras positivas. También existen cosas como el yoga, por supuesto, que están aumentando constantemente en popularidad en todo el mundo occidental.

Capítulo Ocho: Pánico en Lugares Públicos – Diez Métodos para Ayudarle a Relajarse

Antes de adentrarnos en otras formas en las que puede combatir su ansiedad social a largo plazo, también deberíamos analizar algunos métodos que puede utilizar para intentar controlar sus reacciones en el momento. Aunque la idea detrás de la mayoría de estos métodos es simplemente aliviar los síntomas, el uso repetido de algunos de ellos también podría tener un efecto positivo a largo plazo. De cualquier manera, siempre que logre superar un brote de ansiedad, incluso si es solo por un corto tiempo, se sentirá fuerte y menos indefenso. De hecho, abordar su ansiedad sobre la marcha es una excelente manera de hacerse cargo y sentar las bases para un trabajo psicológico y un mantenimiento más minucioso que llevará a cabo más adelante.

Por supuesto, saber cómo controlar los síntomas al menos cuando surgen también puede hacer que se sienta más seguro de entrar en situaciones sociales futuras y romper un ciclo de evitación.

Como ya se mencionó, la exposición y el acondicionamiento gradual son algunos de los aspectos más importantes de la lucha contra el TAS, por lo que esta confianza agregada puede ser un impulso decisivo.

La Racionalidad es su Aliada

Como comentamos, la ansiedad tiene que ver con los miedos irracionales, y el pensamiento racional es de hecho el antídoto. Aun así, una vez que la ansiedad se apodera de usted, puede ser difícil pensar de manera racional y controlar sus pensamientos acelerados, pero siempre debe intentar hacerlo cuando la ansiedad le supere. Dependiendo de cuán severa sea su ansiedad, es posible que no vea ningún resultado tangible las primeras veces que lo pruebe, pero después de un tiempo, probablemente lo domine.

Su primer paso es hacer todo lo posible para intentar darse cuenta de lo que realmente está sucediendo. Considere su reacción de ansiedad y trate de concentrarse en el hecho de que no hay nada que temer realmente y que no está siendo amenazado. Su mente es engañada para que perciba una amenaza que no existe, y está desencadenando su respuesta de huir o luchar sin una buena razón.

Además, los hechos son sus aliados cuando intenta ser racional. Cuando sienta que se avecina una avalancha de ansiedad, trate de concentrarse solo en los hechos de la situación, en particular los positivos. Si está dando una presentación, por ejemplo, y se siente ansioso, trate de pensar en qué tan bien preparado está y qué tan bien informado está sobre el tema. Es muy probable que esté haciendo un gran trabajo y que las personas a las que se esté presentando estén interesadas en la presentación, no en su ansiedad.

Respirar

Como sabe, la respiración es muy importante para la ansiedad. Por lo tanto, los ejercicios de respiración se utilizan a menudo para todo tipo de cosas como ataques de pánico, manejo de la ira y brotes de ansiedad. Uno de los ejercicios de respiración más simples implica poco más que ralentizar la respiración y concentrarse en ella.

Asegúrese de utilizar el diafragma y de no respirar superficialmente. Es importante mantener una respiración constante y suave. Debe intentar inhalar durante tres o cuatro segundos, retener el aire durante tres o cuatro segundos y luego exhalar lentamente durante la misma cantidad de tiempo. El objetivo del ejercicio no es seguir una regla de oro sobre exhalar o inhalar durante el tiempo exacto y perfecto. La idea es mantener la respiración profunda y uniforme para que su cerebro reciba suficiente oxígeno y dejar de pensar en la ansiedad concentrándose en su respiración.

Es importante controlar su respiración porque a menudo es lo primero que sufre durante un ataque de ansiedad. Su respiración puede volverse muy irregular, puede comenzar a hiperventilar o puede dejar de respirar por completo por un tiempo. Si bien los problemas respiratorios son un síntoma en sí mismos, interrumpir el flujo de oxígeno a su cerebro también puede provocar todo tipo de otros síntomas de ansiedad, como temblores, mareos o incluso desmayos. Debe intentar practicar la respiración controlada y profunda en momentos en que no esté ansioso y luego tratar de recordarlo cuando la ansiedad vuelva a ocurrir.

Interrumpir sus Pensamientos

Cuando su mente comienza a acelerarse y sus pensamientos comienzan a atormentarle, lo mejor que puede hacer es romper ese tren de pensamientos negativos lo más rápido posible. Una forma de hacerlo es con la llamada regla "3-3-3". Primero, debe observar su entorno y nombrar las primeras tres cosas que ve; puede hacer esto en su mente, si lo desea. A continuación, busque tres sonidos e identifíquelos y nómbrelos también. El último paso es mover tres partes de su cuerpo, por ejemplo: su tobillo, dedos y brazo.

La idea es distraer su mente y darle algo que hacer de inmediato. De hecho, nombrar tres cosas visibles y tres sonidos audibles podría no ser tan fácil, dependiendo del entorno en el que se encuentre, por lo que puede llevar algo de tiempo y esfuerzo, lo cual es bueno en términos de controlar la ansiedad.

Por supuesto, existen muchas otras cosas que puede hacer para interrumpir un brote de pensamientos negativos. Esto es muy contextual, por supuesto, pero nueve de cada diez veces, hay algo que puedes hacer para distraerse. Puede dar un pequeño paseo, incluso si es al final del pasillo, o puede levantarse y preparar un café, tal vez incluso limpiar su escritorio. Lo importante es centrar la mente en algo y volver al momento.

Mantenerse Ocupado

De hecho, mantenerse ocupado es uno de los consejos más importantes para lidiar con la ansiedad sobre la marcha. No se quede sentado esperando a que su mente comience a notar a las personas que lo rodean y obtenga ideas sobre lo que pueden o no pensar de usted. Dé un salto en su propia mente y concéntrese en su trabajo o en lo que sea que esté haciendo en ese momento.

Es una buena idea tener siempre cerca algunas distracciones valiosas, incluidas cosas como libros o periódicos. Si se encuentra en una sala de espera o en un autobús o tren repleto de gente, la lectura es una muy buena manera de enfocar su mente y olvidarse de todos los que le rodean. Probablemente sea mejor que la música, además sus oídos no estarán obstruidos. Por supuesto, puede combinar ambos para aislar el mundo aún más, si es necesario.

Mantenerse ocupado es una buena idea en general a lo largo de su vida diaria, no solo como un medio de distracción momentánea. Intente llenar su agenda con tantas actividades como sea posible y trate de hacerlas significativas y satisfactorias. Cuanto menos tiempo pase sentado y teniendo pensamientos negativos, más débil será su ansiedad. Preste atención a este consejo, especialmente cuando se encuentre anticipando una situación social próxima. En lugar de pensar en un millón de escenarios diferentes en los que todo sale mal, intente salir a caminar o participar en un pasatiempo creativo.

Mejorar su Postura

Como todas las personas y diversas criaturas, posee un fuerte instinto para proteger físicamente sus órganos vitales cuando se siente ansioso y estresado por una amenaza percibida. Por lo general, ni siquiera notará que lo está haciendo, pero se encorvará o cruzará los brazos. Este es un intento subconsciente de proteger órganos como su corazón y pulmones, y es un instinto que permaneció de nuestros días de cavernas.

Mejorar su postura puede ayudarle a calmarse y obligar a su mente a aceptar que no existe nada malo y que nadie está a punto de atacarlo. Preste atención a la forma en que está de pie o sentado la próxima vez que comience a sentirse ansioso. Trate de pararse derecho con los hombros hacia atrás y el pecho libre y elevado. Mantenga los pies separados y no cruce las piernas, especialmente si está de pie. Mirar fijamente al suelo es otra consecuencia de la ansiedad o la preocupación, por lo que también debe intentar corregirlo.

Sostenerse adecuadamente, por supuesto, no es la cura para la ansiedad social, pero ciertamente es algo que puede ayudar. Como mínimo, proyectará una imagen de confianza para los demás; cuando no existan síntomas para notar, usted también comenzará a sentirse mejor y más tranquilo.

Regresar al Presente

Como lo sabe, la ansiedad social a menudo se desencadena por sus nociones de lo que sucederá o podría suceder. Es la perspectiva de una posible vergüenza o humillación pública lo que causa el problema, por lo que debe sacar a su mente de ese escenario futuro ficticio y conectarse a la realidad presente.

Imagine un escenario en el que llega tarde a una reunión grupal de algún tipo y debe ingresar a la habitación después de que todos ya estén sentados, un escenario aterrador para la mayoría de los que sufren de TAS. Al entrar, debe concentrarse en el hecho de que está entrando y que llegar tarde no es un gran problema. En lugar de obsesionarse con lo que otros podrían estar pensando o cómo podría ser examinado, simplemente concéntrese en la tarea en cuestión. Su objetivo es entrar, sentarse y participar, y eso es todo lo que debe hacer y pensar.

Al concentrarse en lo que está haciendo o se supone que debe hacer, se concentrará en algo que es inseparable del momento presente. Además, si logra convencerse de que no está siendo amenazado, es posible que incluso pueda posponer su ansiedad y sus preocupaciones; prométase abordar su problema más tarde y analizar lo que le preocupaba cuando llegue a casa.

Tener Compañía

Si usted es una de esas personas que padece ansiedad social pero también tiene un amigo cercano, puede tratar de mantenerse en su compañía cuando sienta que la situación puede ponerse difícil. La ansiedad social tiende a ser mucho menos intensa o incluso inexistente cuando se rodea de personas con las que se siente cómodo.

Tener un amigo cerca le dará algo en lo que concentrarse además de su ansiedad. Puede participar en una conversación casual o una interacción similar y mantener su mente ocupada centrándose en su compañero en lugar de sus pensamientos negativos. Además, su compañero puede desviar la atención de los demás de usted y hacer que se sienta menos expuesto. A veces, es suficiente estar en presencia de otra persona, pero otras veces, puede ser útil contarle sus problemas y lo que cree que podría suceder. Puede probar este enfoque la próxima vez que tenga una cita o una situación similar por la que esté ansioso, planifique con su amigo de antemano y acepte algunas pautas sobre cómo lidiar con un ataque de ansiedad si llegara a ocurrir.

Hablar con Alguien al Respecto

En este contexto, hablar con alguien sobre su ansiedad significa decírselo a alguien en el acto. Si un amigo está con usted, puede hablar con él sobre cómo se siente en el momento, pero a veces, también puede haber una oportunidad para hablar con otra persona. De hecho, si lo hace correctamente, su ansiedad podría incluso ser un tema que pueda usar para iniciar una conversación con un desconocido.

Analizaremos el arte de la conversación y la charla casual más adelante en el libro, pero por ahora, digamos que, si lo hace bien, puede tener una conversación significativa sobre su ansiedad mientras, al mismo tiempo, se olvida de sentirse ansioso. Puede parecer contradictorio cuando intenta olvidarse de su ansiedad, pero hablar de ello puede ser terapéutico. También existe la posibilidad de que termine hablando con alguien que tenga el mismo problema, y ese tipo de puntos en común puede ser la base para la amistad u otras relaciones. Si se encuentra en una fiesta u otra ocasión social similar, puede intentar analizar a las personas que le rodean y buscar a las que parecen estar solas y aisladas. Lo más probable es que tengan el mismo problema que usted.

Pensar Positivamente

Como ya comentamos, vencer la ansiedad social tiene mucho que ver con luchar contra los pensamientos negativos, y la importancia del pensamiento positivo no se puede enfatizar lo suficiente. Pensar positivamente es algo que puede intentar y hacer sobre la marcha, no solo una meta general para su vida en la que debe trabajar con el tiempo.

Debe intentar volver a etiquetar sus pensamientos negativos y darles un giro positivo. Por ejemplo, puede considerar lo que hablamos anteriormente, ya que su ansiedad es natural y normal, pero equivocada. De hecho, lo que le está sucediendo es que sus instintos naturales de supervivencia están fallando y están mal enfocados, nada más y nada menos.

También es siempre una buena idea intentar hacer que las cosas parezcan divertidas en su mente. Tome a las personas que cree que le están dando ansiedad e intente imaginarlas en circunstancias divertidas y poco halagadoras. Incluso su ansiedad en sí puede parecer graciosa si se esfuerza lo suficiente, ya que es esencialmente una exageración, y las exageraciones suelen ser una parte integral de toda buena broma.

Centrarse en los demás

Las personas responsables de su ansiedad pueden ser una fuente inagotable de distracción para ayudarle a dejar de pensar en su ansiedad. Tome en cuenta que las personas que son completamente seguras y despreocupadas, especialmente cuando están cerca de desconocidos, son muy raras. Siempre que conoce a alguien, es muy probable que se sienta inseguro sobre algunas cosas. Las posibilidades son incluso mejores que si no está pensando en juzgarle y analizarle y, en cambio, está pensando en la forma en que lo ven.

Es natural pensar en la impresión que está dando cuando conoce a alguien, y así es como funciona la mayoría de las personas. Debe aprovechar ese hecho para ayudar a calmar su mente y sentirse cómodo al darse cuenta de que no siempre es examinado y juzgado cada segundo de cada interacción. En lugar de analizar todo lo que está haciendo mal (o cree que lo está haciendo mal), intente concentrarse en la otra persona, para cambiar.

Capítulo Nueve: Confianza Social y Superación de la Timidez

Si bien hemos establecido que aspectos como la timidez están lejos de ser sinónimo de ansiedad social, ahora sabe que ciertamente pueden estar conectadas. La timidez o la timidez percibida pueden ser síntomas de ansiedad social, por lo que existe un terreno común a considerar entre los dos. Además, es muy probable que la ansiedad social conduzca a una baja confianza social y a una autoestima dañada, en general. Como tal, un enfoque para comenzar a reducir su ansiedad social es intentar aumentar su confianza social y aprender a comportarse mejor en situaciones sociales.

Con los conocimientos técnicos necesarios y algo de esfuerzo, es posible que pueda luchar contra la ansiedad y comportarse con más confianza incluso cuando se sienta ansioso. Lograrlo puede hacer que su mente se acostumbre gradualmente a la idea, y puede comenzar a darse cuenta de que su ansiedad no es tan mala. El simple hecho de lograr ser funcional a pesar de su ansiedad social es un gran comienzo. Tampoco se trata de fingir confianza o simplemente proyectar una imagen. De hecho, se trata de aumentar su confianza y superar un problema.

También debe tener en cuenta que el objetivo no es cambiar su naturaleza y obligarse a ser extrovertido cuando su personalidad es obviamente la de un introvertido. Estos esfuerzos no solo fallarían, sino que serían un perjuicio para usted y para lo que realmente es. En última instancia, desea ser la mejor versión posible de sí mismo en lugar de algo que otras personas piensan que debería ser. Ese tipo de auto aceptación es uno de los pasos más importantes para desarrollar su confianza.

Cómo Funciona

Con todo lo dicho, si padece ansiedad social, es muy probable que también tenga un problema de confianza. Los dos van de la mano, y la baja confianza social o la autoestima general a menudo pueden ser el núcleo del problema cuando se trata de TAS. Como mencionamos, también funciona al contrario, ya que la ansiedad social provocada por otras causas generalmente le generará problemas de autoestima tarde o temprano.

No obstante, la confianza es algo que puede depender de una amplia gama de factores, y las causas tienden a ser profundas y varían de un individuo a otro. La historia de cada persona es diferente, y esas historias suelen ser el lugar para buscar pistas sobre la posible raíz del problema. Los problemas de confianza y de autoimagen son a menudo el resultado de traumas pasados, experiencias infantiles y, a veces, incluso genes. Lo primero y más importante que hay que tener en cuenta es que la baja confianza no es su culpa de ninguna manera.

La autoestima es posiblemente una de las cosas más importantes de la vida. Es un rasgo que puede determinar muchos resultados en la vida y ayudarle o perjudicarle en innumerables situaciones. La confianza o la falta de ella es un rasgo omnipresente y se reflejará en prácticamente todo lo que hace en la vida. Las conversaciones, la postura, la risa, los pensamientos e incluso caminar pueden reflejar el nivel de confianza de una persona. Es más, los seres humanos están en sintonía con las variaciones en la confianza en sí mismos de los demás y son expertos en detectar si alguien tiene confianza o no, por lo que es muy difícil de ocultar.

Los problemas asociados con la baja confianza van mucho más allá de las situaciones sociales. Una mala imagen de sí mismo suele estar en el centro de los problemas de autoestima, lo que significa que quienes carecen de confianza tienden a no agradarse mucho a sí mismos. Además de perjudicarle en las fiestas, esto puede hacer que le falte la voluntad de mejorar cualquier aspecto de su vida. Conduce a la complacencia y a una grave falta de motivación hasta el punto en que una persona puede renunciar por completo a la felicidad. Este es un círculo vicioso porque la superación personal es a menudo una de las formas más efectivas de aumentar la confianza, pero si piensa erróneamente de sí mismo, puede resultarle difícil ver el sentido de tales esfuerzos.

La confianza social, o la confianza en situaciones sociales, para ser exactos, es solo uno de los aspectos más específicos de la autoestima general, por lo que los dos están íntimamente conectados. La confianza le hará ser más asertivo y tolerante, pero también será más estable y poseerá una cierta firmeza de carácter. La confianza es un escudo que puede protegerlo de muchas cosas que de otra manera pueden doler. Cuando se trata de críticas, por ejemplo, las personas con baja autoestima tienden a reaccionar de dos maneras.

Una parte de la multitud se sentirá atacada y atacará fácilmente en una postura muy defensiva, incluso cuando las críticas sean constructivas e incluso amistosas. La otra parte tiende a ser sensible e internalizar cada fragmento de crítica como evidencia de que no son lo suficientemente buenos, lo que los lleva a desanimarse fácilmente. Cuando tenga confianza en sí mismo, en su valor y en sus habilidades, se mantendrá firme y, lo más importante, tendrá la capacidad de verse a sí mismo con fría objetividad que le permitirá considerar la crítica, analizarla y utilizarla en su ventaja.

Con todo, la falta de confianza social a menudo puede ser solo un síntoma de un problema de autoestima más amplio. Cuando sufre de baja confianza, se manifestará en muchas áreas de su vida y obstaculizará su desempeño en el trabajo, en las relaciones y en otros lugares, con o sin ansiedad social.

Lo que es muy importante entender es que la confianza no es algo que pueda fingir. La confianza es algo que realmente viene de adentro, y la gente lo va a notar, ya sea baja o alta. Más importante aún, tratar de fingir no ayudará a resolver ninguno de sus problemas, por lo que existen pocos beneficios incluso si logra engañar a alguien. Desafortunadamente, la idea errónea de que puede fingir tener confianza es algo que todavía está generalizado y, a menudo, los amigos y familiares lo ofrecen como consejo.

En lugar de aplicar una bandita al problema, debe abordar los problemas subyacentes y buscar una solución permanente. Existen muchas formas de mejorar su confianza general, incluida la confianza en situaciones sociales. Puede adoptar nuevas formas de pensar y participar en el entrenamiento cognitivo, introducir cambios en su vida diaria, ejercitar sus habilidades sociales y realizar muchas otras cosas con este fin. Trabajar en su confianza es una de las cosas más importantes que puede hacer para combatir su ansiedad social y mejorar su vida en general. Su nivel de confianza y autoestima a menudo puede ser el factor decisivo para conseguir un trabajo, un ascenso o entablar relaciones. Como tal, su nivel de confianza puede ser una ayuda o un obstáculo en su camino hacia la felicidad.

Métodos para Aumentar la Confianza

Consideremos algunos consejos y métodos que pueden ayudarle a aumentar su confianza con el tiempo. Estos consejos se refieren tanto a su forma de pensar como a su forma de comportarse, y la mayoría de ellos requerirán que los intente y realice pruebas y errores. La parte más difícil de aumentar su confianza probablemente tenga que ver con su pensamiento. Cualquiera puede forzar ciertos comportamientos con suficiente fuerza, pero internalizar nuevos principios y conceptos a los que no está acostumbrado puede requerir un nivel completamente nuevo de compromiso.

Competencia Social

Como mencionamos, la competencia social y la confianza están vinculadas a su autoestima general, por lo que esto es algo que debe usar a su favor. Más adelante analizaremos más detalladamente las habilidades sociales, especialmente cuando se trata de tener conversaciones, pero por ahora, digamos que cuanto más trabaje para mejorar su competencia social, más confianza tendrá.

La competencia social gira principalmente en torno a hacer que las personas se interesen y, al mismo tiempo, tener la capacidad de escuchar de verdad y hacerles sentir que los está escuchando. A medida que empiece a mejorar su competencia social centrándose en estas habilidades, su imagen de sí mismo empezará a mejorar. La investigación lo ha confirmado en numerosas ocasiones, brindando una variedad de explicaciones.

Por supuesto, como alguien que padece ansiedad social, probablemente tenga un problema con esto, por lo que aprenderá a mejorar sus habilidades sociales más adelante. Lo más importante a tener en cuenta de antemano es la conexión entre la confianza y la interacción exitosa. Entre otras cosas, tiene que ver con la aceptación social, que es uno de los factores más importantes para la confianza y el bienestar general de las personas, lo queramos admitir o no.

Lenguaje Corporal

Ya hablamos del lenguaje corporal en el capítulo anterior, y con una buena razón. La comunicación no verbal es una parte importante de cómo interactuamos, por lo que es importante practicarla tanto como el habla y los pensamientos. Un lenguaje corporal adecuado que transmita confianza y comodidad le hará parecer seguro, pero, lo que es más importante, los estudios han demostrado que con el tiempo también empezará a sentirse así. Esto es particularmente cierto para lo que algunas personas llaman "poses de poder", que generalmente incluyen poses abiertas.

Existen muchos otros aspectos sutiles y otros no tan sutiles del lenguaje corporal que debe tener en cuenta. Por ejemplo, siempre es importante mantener el contacto visual y brindar firmes apretones de manos, pero no demasiado enérgicos. Por supuesto, el contacto visual y la mirada fija no son lo mismo. Trate de mantener el contacto visual alrededor del 60% del tiempo cuando tenga una conversación; esto le ayuda a expresar interés y hacer que las personas se sientan más cómodas, además de hacer que parezca seguro.

En lo que respecta a la postura, además de tomar posturas amplias y abiertas, asegúrese de permanecer tranquilo y sereno. No pasee de un lado de otro, no se inquiete, no se balancee ni haga otras cosas similares que comuniquen nerviosismo. Las tres cosas (mantener el contacto visual, poses abiertas, apretones firmes de manos) son esencialmente los tres aspectos centrales del lenguaje corporal seguro.

Ser Amable con Usted Mismo

Como probablemente sepa, uno de los aspectos clave tanto de la baja autoestima como de la ansiedad social es esa voz interior que puede estar constantemente reprendiéndolo. Es la voz que sigue atormentándole por las cosas que no puede cambiar, diciéndole que no es lo suficientemente bueno o comparándole constantemente con los demás.

Si va a expresar más confianza en sí mismo durante las situaciones sociales o de cualquier otra índole, primero debe empezar a tratarse con más amabilidad. Esto no significa no arreglar lo reparable, por supuesto, pero sí significa dejar un poco la inactividad. Debe pensar en la forma en que trataría a un amigo cercano o un ser querido. Es muy probable que los apoye y trate de consolarlos y animarlos cuando algo salga mal. Trate de aplicar el mismo enfoque a usted mismo en lugar de siempre deprimirse.

Una buena manera de hacerlo es comenzar a concentrarse más en sus fortalezas, que ciertamente posee. Si no sabe cuáles son sus puntos fuertes, debe averiguarlo. Cuando falla en algo, debe ser capaz de recordar que es bueno en otra cosa y que nadie puede sobresalir en todo.

Superación Personal

Ser amable consigo mismo y al mismo tiempo intentar mejorar en todos los aspectos importantes es la mejor combinación. La superación personal es un término amplio que lo abarca todo y que puede incluir todo tipo de aspectos, como cambios, que puede introducir en su vida. Puede ayudarse mejorando su salud, sus habilidades, sus pensamientos, su estado físico o cualquier otra cosa que considere.

Lo importante es el efecto que la superación personal tiene sobre su confianza. La baja autoestima en ocasiones puede deberse a una deficiencia real o un defecto que nos molesta en nosotros mismos y, la mayoría de las veces, se puede solucionar. Cada pequeño progreso que realice para mejorar un aspecto de sí mismo aumentará su confianza, incluso si no lo siente al principio.

Para empezar, puede concentrarse en algunos aspectos muy básicos como su dieta o eliminar algunos de sus malos hábitos. Lo más importante: ponerse manos a la obra convirtiéndose en la mejor versión de sí mismo que pueda ser. De hecho, probablemente sea mejor que empiece poco a poco, ya que el éxito en estas cosas aparentemente sin importancia puede brindarle la motivación para introducir cambios más importantes.

Cuidado Personal

La superación personal a menudo también implica técnicamente una forma de cuidado personal. Mejorar su dieta, ir al gimnasio y volverse más saludable son sin duda formas de cuidado personal que se suman a la superación personal. Sin embargo, el autocuidado no siempre se trata de esforzarse por mejorar.

En ocasiones, el cuidado personal significa simplemente recompensarse y aprender a tratarse mejor. Como mencionamos, la autocrítica severa o incluso el auto desprecio a menudo van de la mano con una baja autoestima. Por lo tanto, es importante reemplazar algo de esa dureza con positividad y felicidad, lo que representa la mejor forma de recompensa, por lo que se adapta de manera correcta con la superación personal.

Cada vez que asista al gimnasio para una sesión de entrenamiento, o pase un día sin caer en un mal hábito o cumplir con cualquier objetivo que haya establecido, debe reservar algo de tiempo para usted por la noche. Piense en cualquier actividad o recompensa que disfrute particularmente y permita tenerla siempre que la obtenga objetivamente. Es increíblemente fácil olvidar darnos algo de tiempo para nosotros mismos, especialmente con los horarios agitados que muchos de nosotros debemos soportar todos los días. Sin embargo, tan pronto como empiece a tratarse mejor, a su mente le resultará más fácil aceptar que no es tan malo después de todo.

Práctica

Estas son solo algunas de las cosas que puede hacer para mejorar su confianza general y social. Cuando se trata de confianza social, lo más importante es practicar la mayor cantidad de tiempo posible. Necesita obtener esta práctica a pesar de las fallas que pueda experimentar. Incluso si las interacciones no resultan como espera, su cerebro se acostumbrará cada vez más a las personas, cuanto más interactúe con ellas.

El simple hecho de estar fuera de casa puede ser una forma de práctica de su confianza social, si no cae en algún tipo de rutina de evitación. Cuando pasan suficiente tiempo con la ansiedad social, algunas personas se vuelven tan buenas en la evasión que pueden pasar un día entero haciendo cosas sin una interacción real con nadie. No evite las situaciones sociales que puedan resultar incómodas, búsquelas. Existe una buena razón por la que solía llamarse fobia social. Gran parte de su lucha contra el TAS requerirá que enfrente sus miedos de frente y comience a exponerse para estabilizarse.

Capítulo Diez: La Ansiedad Social y sus Relaciones

Hasta ahora, hemos hablado principalmente de la ansiedad social en circunstancias que son muy dinámicas socialmente e involucran a varias personas, en particular desconocidos y grandes eventos sociales o entornos diarios que involucran a desconocidos. En este capítulo, veremos cómo la ansiedad social se relaciona con sus relaciones y cómo puede afectarlas. De hecho, consideraremos el impacto de la ansiedad social en las relaciones humanas, en general, y algunos consejos sobre cómo lidiar con ella en estos contextos.

Ciertamente, en este punto ya tiene claro que la ansiedad social tiende a ocurrir principalmente cuando hay desconocidos involucrados. Mencionamos anteriormente que las personas socialmente ansiosas a menudo pueden tener un amigo cercano o dos con quienes se sienten cómodos, y es posible que usted se encuentre en una situación similar. Aun así, la ansiedad social es algo que puede afectar las relaciones, tanto las potenciales como las ya existentes. La dificultad más grande y más común es formar nuevas relaciones, pero existen formas en las que sus relaciones existentes, incluso aquellas que ha apreciado durante años, pueden sufrir.

Ansiedad Social y Relaciones

Por supuesto, si la ansiedad social plantea un problema para las relaciones humanas sería muy intuitivo, pero hay algo más que eso. En la vida de la mayoría de las personas, existen relaciones que son anteriores al desarrollo de la ansiedad social. Esto incluye principalmente a padres, hermanos y otros miembros de la familia, pero también puede incluir amigos de la infancia. Estas son las relaciones que acabamos de mencionar cuando hablamos de cómo las personas socialmente ansiosas pueden seguir siendo cercanas a alguien.

Una forma en que la ansiedad social puede dañar una relación funcional preexistente es abriendo gradualmente una brecha entre las dos personas. Imagine, por ejemplo, una relación como una amistad o cualquier otro tipo en la que la otra persona es muy sociable y extrovertida mientras que usted está socialmente ansioso y retraído. Además de cuando pasa el rato uno a uno, en su mayoría se inclinaría a no salir y socializar, rechazar muchas invitaciones y ver cada vez menos a esa persona. Tan cercanos como pueden ser de nosotros, nuestros amigos y seres queridos a menudo pueden ser indiferentes a nuestros problemas, especialmente los sutiles como la ansiedad. Esta es solo una de las formas en que ciertas relaciones pueden volverse frías debido a su ansiedad.

Otro problema del que puede ser muy consciente es que a las personas con ansiedad social a menudo les resulta difícil discutir y expresar sus sentimientos, y mucho menos expresarlos. Esta incapacidad para comunicar los verdaderos sentimientos, incluidas las necesidades y los deseos, es lo que pone fin a muchas, si no a la mayoría, de las relaciones, y el problema es especialmente pronunciado con la ansiedad. No es solo que la ansiedad tenga un efecto directo sobre su capacidad para comunicarse. El problema también está en cómo su ansiedad social lo ha privado de un contacto significativo y una interacción más profunda con los demás durante tanto tiempo. La incapacidad para comunicarse y expresar emociones puede ser simplemente el resultado de la falta de experiencia.

Según algunos expertos, esta incapacidad para expresar sentimientos y comunicarse a un nivel más profundo es el aspecto más dañino de TAS cuando se trata de relaciones. Esto fue investigado y respaldado por un estudio canadiense de 2018 realizado en la Universidad de Columbia Británica por Lynn Alden y otros expertos. El objetivo de este estudio fue desafiar la visión tradicional de que la ansiedad social debe tratarse enfocándose únicamente en la reducción de la conducta de evitación. El estudio postuló que el déficit de relaciones en la ansiedad social y la incapacidad para expresar o articular sentimientos verdaderos era igualmente importante.

Otro estudio canadiense, realizado en la Western University por Christian Hahn, también investigó la conexión entre la ansiedad social y la satisfacción en las relaciones. Como era de esperar, el estudio encontró que la satisfacción con la relación era menor cuando estaba involucrada la ansiedad social. Se encontró que la ansiedad social era particularmente perjudicial para la confianza y el apoyo en las relaciones románticas.

Una de las principales razones de esto es la sensibilidad que provoca la ansiedad social. Esta es la sensibilidad hacia la crítica y la frágil autoestima, como comentamos anteriormente en el libro. Estas cosas pueden empeorar lo suficiente como para que incluso su pareja sentimental pueda comenzar a parecer hostil, demasiado crítica y tratando de humillarle. Es posible que su pareja esté tratando de darle un consejo o ayudarle de alguna manera porque le importa, pero para una mente ansiosa, la ayuda en ocasiones puede parecer un ataque. Además de eso, el fuerte sesgo de negatividad y el auto desprecio absoluto que sufren algunas personas socialmente ansiosas puede hacerlos indiferentes a los comentarios positivos.

Más allá de las amistades cercanas y las relaciones románticas, también existen relaciones que tiene con personas como sus parientes. Los parientes, particularmente los de su familia extendida, existen en una especie de área gris cuando se trata de cercanía. Sobre el papel, se los debe considerar cercanos porque son parte de la familia, pero en la práctica, la mayoría de las personas ven a sus familiares solo periódicamente. Esto abre una brecha entre usted y ellos y puede hacer que las reuniones familiares sean muy estresantes cuando padece ansiedad social.

Además, las reuniones familiares pueden ser un circo de juicio y escrutinio a tal grado que puede sentir que está siendo interrogado. De hecho, los familiares siempre buscan actualizaciones y compartirán sus opiniones sobre todo tipo de cosas que le conciernen a usted y a su vida. A menudo le compararán con los demás, le harán preguntas íntimas y realmente le molestarán, incluso cuando tengan buenas intenciones. Muchas personas no disfrutan especialmente de eso, ¡y mucho menos las personas socialmente ansiosas! Además de eso, no es inusual que los familiares inviten a sus amigos u otras personas importantes a tales reuniones, lo que significa que puede verse obligado a interactuar con desconocidos y con miembros de su familia extendida.

Con todo lo dicho, la forma más común en la que la ansiedad social afecta las relaciones sigue siendo la forma en que disminuye sus probabilidades de establecer relaciones futuras. Las personas que no padecen ansiedad social pueden atravesar rupturas, perder amigos, separarse de la familia, etc., pero siempre podrán entablar una conversación y conocer gente nueva para llenar el vacío. Si padece ansiedad social y pierde a un amigo cercano o una pareja sentimental en su vida, entonces sabe muy bien lo importante y difícil que es reemplazarlos.

Eso no quiere decir que sea fácil encontrar un amigo verdadero o reemplazarlo para cualquiera, pero existe un grado completamente diferente de desesperanza cuando la ansiedad social lo mantiene deprimido después de una ruptura o una pérdida de amistad.

Lidiar con ello

Evidentemente, la mejor manera de lidiar con el daño que su ansiedad social inflige a sus relaciones es lidiar con la ansiedad social en sí. Lo que hemos discutido y continuaremos discutiendo después de este capítulo lo ayudará en ese sentido, pero aún puede tomar medidas para superar los problemas relacionados con la ansiedad en sus relaciones.

Como probablemente haya deducido de lo que hablamos anteriormente, la comunicación es primordial en las relaciones sentimentales. Es crucial en todas las relaciones humanas, por supuesto, pero las relaciones sentimentales son especialmente íntimas y, como tales, se basan en la capacidad de la pareja para comunicarse a un nivel más profundo de lo que lo harían con cualquier otra persona en sus vidas. Cuando dos personas funcionan juntas, se comunican en todos los niveles, tanto verbal como no verbal. Pueden superar las dificultades y los malentendidos porque se conocen y se entienden, especialmente cuando se trata de todas esas peculiaridades y debilidades que las personas tienen.

Una de los aspectos más importantes a este respecto es generar y fomentar la confianza. La única forma de fortalecer esa confianza es probándola. Si tiene intimidad con alguien y se preocupas profundamente por esa persona, debes confiar en ella para que funcione. Puede comenzar con algunas cosas muy simples, como la honestidad y el nivel más alto de apertura que pueda reunir. Siempre que observe un problema determinado o algo le moleste, debe solucionarlo lo antes posible y hablar con su pareja al respecto.

No permita que estos problemas permanezcan inactivos y se agraven bajo la superficie. Cuando las cosas se reprimen, la presión aumenta y las cosas que no se dicen a menudo vuelven más tarde y causan aún más problemas. También pueden regresar como desprecio, despecho y todo tipo de maldad. En general, cada problema debe discutirse y aclararse tan pronto como surja. Esto no solo resolverá más problemas, sino que cada vez que lo haga, la confianza mejorará.

La comunicación que incluye críticas debe mantenerse a un cierto nivel. Si es sensible a las críticas y tiende a sentirse desconcertado por tales cosas, también debe evitar ser demasiado crítico con su pareja. Simplemente trate a su pareja con el mismo nivel de respeto que espera para usted. Hay que hablar de los problemas, no perder el control. Ciertamente, esto a veces es más fácil decirlo que hacerlo, pero con un poco de atención plena y realineación de pensamientos positivos, debería poder controlarse, incluso cuando su pareja no pueda.

Eso es realmente todo lo que hay que hacer para generar confianza: comunicarse de manera efectiva y significativa mientras se aplica la regla de oro. Una vez que sienta que confía en su pareja, pero los problemas asociados con su ansiedad siguen regresando, puede tratar de lidiar con otros problemas.

Necesita sentarse y tener una discusión honesta consigo mismo sobre todas las formas en las que podría mejorar. Para ello, considere todas las cosas que hemos comentado, mejorando su forma de pensar y todos los demás consejos que tienen que ver con el comportamiento. Dependiendo de su caso, algunas de estas cosas pueden ayudarlo, mientras que otras pueden no ser tan relevantes. Si no está seguro por dónde empezar, también puede hablar con su pareja al respecto, *si hay confianza.*

Las relaciones sentimentales son un buen lugar para estar cuando intenta vencer su ansiedad social. Si tiene ambos, también debe considerar la suerte que tiene. Para millones de personas en todo el mundo, la imposibilidad de encontrar y establecer una relación de este tipo es el aspecto más atroz de su ansiedad social. Como tal, debe considerar su relación como algo que ya le está dando una ventaja.

Cuando se trata de cosas como esas molestas reuniones familiares que mencionamos, la mejor manera de lidiar con esas situaciones es con los consejos discutidos anteriormente y después de este capítulo. Lo mejor que puede hacer es concentrarse en ese pariente o familiar con el que se sienta más cómodo. Si puede identificarse con al menos una persona, es una excelente y fluida entrada en un grupo, o al menos, una conversación con esa persona puede ayudarle a distraerse.

Con la ansiedad social y sus problemas de relación, las amistades y las relaciones sentimentales poseen una gran cantidad de puntos en común. Al igual que las relaciones íntimas, la verdadera amistad implica confianza, apoyo y comunicación. Como tal, mucho de lo que acabamos de discutir se aplica también a las amistades.

Cuando se trata de relaciones sentimentales o matrimonio, considere la posibilidad de ayuda profesional. Existe un tipo específico de terapia cognitivo-conductual, llamada CBT-R, donde "R" significa "relaciones". Se ha descubierto que esta forma de terapia para la ansiedad social con énfasis en las relaciones funciona en estudios como el de la Universidad de Columbia Británica.

La disponibilidad de este enfoque puede variar según el lugar donde viva, pero si todo lo demás falla, entonces podría valer la pena viajar un poco para buscar esa ayuda. No es incorrecto buscar ayuda de una persona externa y es recomendable discutirlo con su pareja, obteniendo su apoyo y comprensión, lo que, a su vez, le brinda un impulso significativo hacia el éxito.

Capítulo Once: Conversaciones Casuales y Otras Habilidades Sociales para Introvertidos

Las personas con ansiedad social y la mayoría de los introvertidos siempre pueden beneficiarse al aprender las habilidades sociales que les gustaría tener. No siempre se trata solamente de liberarse del miedo y la ansiedad; aunque sin duda es un gran logro, probablemente no le convertirá en un experto en socializar de la noche a la mañana. Esto es especialmente cierto si el importante período de desarrollo de su vida, el momento en que se suponía que debía dominar estas habilidades sociales, se vio dañado por la ansiedad social y la vida retraída.

En ese caso, podría ser necesario ponerse al día con algunos de esos conocimientos y aprender algunas habilidades sociales útiles para comenzar a recuperar su vida social. Puede ser difícil al principio, pero una vez que lo intente y observe un par de casos de éxito, las cosas a menudo tomarán un curso natural y estará correctamente dirigido hacia la recuperación completa. Tomaremos este capítulo para discutir algunas de esas habilidades sociales útiles, especialmente aquellas que se relacionan con la comunicación, y algunos consejos adicionales para ayudarle en el camino.

Conversación Casual

Ya hemos hablado brevemente sobre la conversación casual y cómo las personas introvertidas, extrovertidas, socialmente ansiosas y otras personas la manejan. Lo que no mencionamos, sin embargo, es que a pesar de lo trivial que puede ser en la superficie, la conversación casual juega un papel muy importante en la forma en que los seres humanos interactúan y se comunican.

En primer lugar, proporciona una base para la interacción y la familiarización entre las personas porque juega un papel importante en nuestros rituales sociales. Muchos conocidos comienzan con una charla, y si ese conocido se convierte en algo más, a menudo dependerá de lo que suceda durante esa etapa inicial de intercambio de cortesías. Como tal, las etapas más avanzadas de comunicación e interacción en ocasiones pueden depender de una conversación casual. Al ser una habilidad social básica y relativamente simple, también es un excelente punto de entrada para las personas que desean volver a tomar el control de su vida social y comenzar a practicar sus habilidades sociales dañadas o inexistentes.

La conversación superficial agradable también es una herramienta que puede ayudarle a calmarse en situaciones sociales nerviosas. Como usted sabe, muchas personas recurrirán a conversaciones casuales cada vez que se sientan nerviosas o incómodas en una situación. Esta es una respuesta muy natural y demuestra lo importante que puede ser en términos de nivelar las cosas y mantener la estabilidad en la interacción social. Si lo domina, la conversación casual siempre será esa carta a la que puede recurrir cuando las cosas comiencen a ponerse ansiosas o incómodamente silenciosas.

También vale la pena mencionar que una conversación casual no implica necesariamente conversaciones verdaderas. A menudo, la charla implicará solo un intercambio relativamente rápido de comentarios que será suficiente para que las cosas avancen y hacer que la situación sea más cómoda para las partes involucradas. De hecho, la mayor parte del tiempo querrá mantenerlo así también. No entre en demasiados detalles ni fuerce las conversaciones, especialmente las conversaciones sobre temas serios.

Como alguien que lucha con la interacción social, estas breves ráfagas de conversación casual que pueda tener le servirán como una forma de practicar y poner un pie en la puerta, por así decirlo. Al igual que la atención plena, es algo que debe introducir en su vida diaria. Puede pensar en situaciones como filas en el supermercado, ir al banco o al DMV, o esperar un tren. Todas estas situaciones le darán frecuentemente la oportunidad de practicar una conversación social. La mejor parte es que involucran a completos desconocidos a quienes nunca volverá a ver, por lo que incluso si ocurre una situación vergonzosa, no habrá consecuencias reales, ¡y puede olvidarse de ella cinco minutos después!

Para tener suficiente práctica, tendrá que pasar de esperar una conversación casual a *iniciarla*. Si no está seguro de cómo puede iniciar una conversación casual en la vida diaria, debe considerar aspectos como pedir direcciones o involucrarse en situaciones con grandes reuniones sociales muy activas, por muy intimidante que pueda parecer.

Considere un escenario como un club o un mitin de algún tipo. Estas situaciones involucran a muchos desconocidos y una probabilidad muy alta de interacción, pero lo importante a tener en cuenta es su posición en ellas. Es decir, no será más que un extraño en un mar de desconocidos, lo que puede ser algo bueno. Por contradictorio que parezca, las multitudes pueden ser mucho menos intimidantes cuando padece TAS o ser un desconocido en un grupo de tres o cuatro personas. Simplemente existe tanta atención dando vueltas en todas las direcciones que solo las estadísticas lo protegerán. También significa que puede practicar una conversación casual con personas que se olvidarán por completo en cinco minutos si interrumpe la interacción.

En general, siempre tome en cuenta que una conversación casual puede generar fácilmente una conversación significativa y, eventualmente, amistad o incluso una relación romántica. Puede parecer un cliché, pero sucede: la gente simplemente hace clic en ocasiones. Si se mantiene positivo y no es contundente, puede estar seguro de que nada malo surgió de sus esfuerzos por participar en una charla con los demás. Si alguien reacciona de manera hostil o excesivamente desagradable, no será culpa suya.

Cuando inicia una conversación con alguien agradable y se siente bien, la conversación puede durar más tiempo. En poco tiempo, puede pasar de hablar sobre el clima a conocer realmente a una persona.

Comunicación Avanzada

Ser bueno para comunicarse con la gente es mucho más que dominar las conversaciones casuales, por supuesto. Saber cómo concentrarse, escuchar, expresarse y presentarse con amabilidad y estilo son habilidades importantes para llevar la comunicación más allá de una simple charla.

Cuando se trata de comunicarse con los demás, comience por convertirse en un buen oyente. Como alguien que lucha con la interacción social, puede ganar mucho con solo escuchar a las personas, independientemente de quién inició la conversación. Por un lado, cuando permite que la otra persona hable, está cambiando el enfoque de la conversación y la mayor parte del pensamiento hacia ellos. Esto le dará algo de espacio para respirar, pero también le ayudará a aprender un par de cosas sobre el lenguaje corporal.

Ser un buen oyente también significa saber cómo y cuándo reaccionar e impulsar la conversación hacia adelante o incluso en la dirección deseada. Necesitará moderación, tal vez más de lo que pueda anticipar. Si su ansiedad social lo ha privado de la interacción y las conversaciones significativas con las personas durante mucho tiempo, es posible que se sienta muy ansioso por comenzar a hablar, especialmente cuando siente que la otra persona está comenzando a interesarse genuinamente por usted; puede ser muy tentador hablar una y otra vez. Para ser un oyente, debe resistir este impulso y evitar involucrarse en todo lo que dice la otra persona.

Hacer preguntas es una parte importante para mantener una conversación. Ésta es otra razón por la que es recomendable permitir que la otra persona hable. Cuanto más hable, más inspiración y material tendrá para preguntas sencillas relacionadas con lo que está hablando. Puede agregar estas preguntas en ocasiones para mantener una conversación fluida. Escuchar y recopilar información también le ayudará a hacer que sus preguntas sean atractivas y originales en lugar de mundanas, haciendo que parezca que solo está pretendiendo ser amable o fingir interés.

Cuando una conversación empieza a perder fuerza y necesita darle un pequeño impulso, debe hacer preguntas que no puedan responderse con un sí o un no. Debe intentar que esas preguntas giren en torno a quién, qué, dónde, cuándo y por qué. Las preguntas que comienzan de esa manera tienden a brindar mucho más espacio para la conversación y la continuación de la discusión.

A la mayoría de la gente le agrada a un buen oyente, así que es un buen comienzo si necesita que la gente piense que es una persona agradable y amigable. Otra táctica de desarme es un simple cumplido o dos, asegurándose de no exagerar; solo dar comentarios sinceros, y solo cuando realmente sienta que son realmente adecuados. Es una muy buena manera de mostrarse amigable al principio de la conversación.

Con el tiempo, también se encontrará en una situación en la que se supone que será usted quien dirija una conversación. La expresividad se vuelve muy importante si desea transmitir el mensaje y, al mismo tiempo, mantener a la gente interesada y la conversación fluida. Trate de ser lo más descriptivo, pero lo más simple y directo posible, cuando cuente una historia o describa algo.

Para ser más expresivo y que sus conversaciones sean más fluidas, es posible que también desee intentar crear una especie de guion sobre cómo desea que se desarrolle una conversación. Por supuesto, no puede escribir la conversación real con todas sus oraciones, pero puede escribir una lista o algo similar, describiendo sus objetivos para cuando tenga una conversación con alguien. Estos objetivos pueden incluir ciertos temas que desea discutir, preguntas que desea hacer y otros aspectos. Es una buena idea saber exactamente lo que quiere lograr hablando con alguien.

Por último, cuando se trata de expresarse, tampoco se trata solo de la forma en que habla. Mostrar estilo en la forma en que se viste, por ejemplo, puede dejar una impresión positiva e impactar las conversaciones que está teniendo de una buena manera. A su vez, esto también puede tener un efecto positivo en su confianza general, por lo que el estilo puede ser muy importante.

En general, lo más importante es comenzar a conversar con la gente. Dependiendo de su TAS y su historial, puede ser muy difícil al principio, pero la ilusión de que las conversaciones y los desconocidos lo intimidan se disipa mejor al enfrentar ese miedo de frente. Tan pronto como haya tenido algunas conversaciones, comenzará a sentirse más cómodo, especialmente si inició esas conversaciones.

Otros Consejos

En general, si no confía demasiado, la mejor manera de acercarse a las personas es considerar a todos como un amigo potencial que todavía no ha encontrado. Tenga en cuenta que hay muchas otras personas con las que podría encontrarse que también sufren de ansiedad social. Sus experiencias similares pueden ser un tema de conversación y un punto de partida para una gran amistad, pero también pueden hacer que sea excepcionalmente difícil hacer que las cosas funcionen. Por lo tanto, es importante ser amable, agradable y sonreír siempre que pueda. Eso no quiere decir que deba fingir una sonrisa para impresionar a alguien, al contrario: una sonrisa puede hacer que cualquiera se sienta más cómodo cuando interactúa con usted.

Un aspecto importante que puede hacer para mejorar sus habilidades sociales es observar y aprender. Inevitablemente se encontrará con personas seguras de sí mismas y expertas en socializar, y logrará aprender mucho con solo observarlas. Cuando se trata de habilidad social y confianza, existen algunos aspectos que difícilmente se pueden describir con palabras, por lo que tendrá que aprenderla sobre la marcha. Cuando vea a alguien que socializa con facilidad, tome nota de su lenguaje corporal y su forma de hablar. Verá que muchos de los consejos que ha aprendido en este libro se integran sin problemas en un escenario de la vida real.

Es importante comprender que su objetivo no es cambiar fundamentalmente quién es usted. Si es introvertido, es natural que no sea el alma de la fiesta y un maestro de las habilidades sociales. Su objetivo es deshacerse de todo miedo y poder funcionar cuando surgen situaciones sociales, no volverse repentinamente ultra sociable. Está perfectamente bien dejar de ser el centro de atención, permanecer reservado y no salir todas las noches. Si esto es quien es, que así sea, y debe mostrar su naturaleza con orgullo.

Una vez que derrote su ansiedad social y se vuelva más seguro, su introversión puede convertirse en algo atractivo. Esto es cierto tanto para hombres como para mujeres. La introversión puede dar a ciertas personas un aura interesante de misterio y enigma que atrae a la gente. El antiguo cliché de ser uno mismo sigue siendo cierto y seguirá siéndolo. Cuando empiece a agradarse a sí mismo, y cuando su miedo al juicio haya disminuido, descubrirá que a otras personas también les resultará más fácil agradarle.

Otro consejo importante cuando intenta mejorar sus habilidades sociales es hacer todo lo posible para que sus fortalezas y virtudes salgan a la luz. Tome un momento para considerar cuáles son estas fortalezas. Tal vez sea bueno escuchando a la gente y dándoles consejos, o tal vez esté muy bien informado sobre ciertos temas interesantes. Sea lo que sea, trate de que salga a la luz en lugar de tratar de fingir que es un extrovertido para encajar. Ese sería el camino para ser una persona falsa, y eso a nadie le agrada.

Recuerde que, como introvertido, todavía necesita ese tiempo de inactividad que pasa a solas para renovarse. Cuando intente perfeccionar sus habilidades sociales, siempre debe abordar las situaciones con una mente fresca y ansiosa. Si se esfuerza por tener demasiada interacción social en un corto período de tiempo, es posible que se sienta agotado y eso hará que la interacción sea mucho más difícil y desalentadora.

Como puede ver, realmente no hay mucho que hacer. Debe practicar y seguir practicando; sus habilidades sociales eventualmente tendrán que volver a usted. Incluso si regresa a la sociedad abruptamente, conmociona su mente y cuerpo y encuentra algunos fracasos abismales, aún contará como práctica. Las habilidades sociales son como andar en bicicleta en el sentido de que las tiene en usted, pero solo necesita comprometerse con ellas y no desanimarse, incluso si se cae de bruces. Cuanto más hable con la gente, más fácil será y, lo que es más importante, podrá notar lo poco que hay que temer.

También notará cuántas otras personas tienen una amplia gama de problemas con los que luchan, y eso puede ayudar para que se sienta menos aislado que las interacciones mismas. Rápidamente se percatará de que los desconocidos no son seres perfectos que lo tienen todo resuelto, que pertenecen a algún club al que debe unirse mientras juzgan cada uno de sus movimientos. Un millón de personas tendrán un millón de luchas diferentes; llegar a conocerlos será uno de los aspectos más fascinantes de su viaje.

Capítulo Doce: Salir de su Zona de Confort

Como probablemente habrá aprendido a lo largo de este libro, vencer su ansiedad social requerirá que atraviese su zona de confort frecuentemente y de muchas maneras. Esto puede implicar grandes cantidades de miedo, estrés, frustración y fracaso, pero todo será necesario si desea reconfigurar su cerebro y deshacerse de sus miedos de forma permanente.

Con el tiempo suficiente, su ansiedad social puede convencerlo por completo de que se sienta cómodo en aislamiento y que realmente no tiene que cambiar nada. Esta ilusión es uno de los aspectos más peligrosos de la ansiedad social y puede prevalecer durante mucho tiempo. Sin embargo, en algún momento, la ilusión se rompe cuando se percata de cuánto se ha perdido y cuántas áreas de su vida se han visto afectadas por ello. Dado que está leyendo este libro, es muy probable que esto le haya sucedido.

¿Qué es su Zona de Confort?

Quizás el hecho de que esto sea una ilusión es lo que hace que el término "zona de confort" también sea un poco inexacto. Es decir, un estado en el que estaba condicionado a estar debido a sus miedos podría no calificar como muy cómodo, una vez que lo observe más de cerca. Existe consuelo y posteriormente, *complacencia.*

De hecho, la diferencia entre los dos es significativa, pero a menudo se pasa por alto. La mayoría de las personas no hacen esa distinción y esto puede llevarlos a ser malinterpretados, especialmente cuando dan consejos a los introvertidos. Como comentamos, los introvertidos como usted se sienten naturalmente más cómodos en entornos tranquilos y entre pocos amigos, y eso no tiene nada de malo. Como tal, cuando se le aconseja que salga de su zona de confort, lo que significa no es que deba dejar de ser usted mismo. En cambio, la idea es salir de lo que algunas personas llaman la "zona de complacencia".

La zona de la complacencia es la ilusión que mencionamos anteriormente. Es un lugar donde nuestro miedo y ansiedad nos obligan a escondernos para no tener que lidiar con la incomodidad de esas situaciones que tememos. Cuando descubre que ha establecido una rutina diaria en torno a ese miedo y ha construido sus días de una manera que le permite evitar situaciones sociales, se ha asentado en la zona de la complacencia. ¿Su ansiedad social le ha hecho ordenar comida en lugar de salir a buscarla usted mismo? ¿Encuentra que frecuentemente se le ocurren excusas débiles para no salir cuando un amigo lo llama?

Es esa evasión lo que mantiene su ansiedad social firme y cada vez más fuerte con el tiempo. Y como cree que está evitando el miedo y el estrés, comienza a pensar que se siente cómodo con esta evitación. En realidad, sin embargo, se está volviendo complaciente y no está logrando nada más que permitir que lo que es esencialmente una enfermedad curable se apodere de usted y controle su vida.

De hecho, ni siquiera está evitando su miedo, por mucho que lo sienta de esa manera. Su miedo siempre sigue presente y sigue gobernando su vida aunque haya minimizado la cantidad de ansiedad que siente. Como tal, su zona de complacencia es un lugar donde no logra nada y, de hecho, probablemente está empeorando las cosas. Este es un status quo que no desea mantener si desea que las cosas mejoren de manera significativa. Usted y su ansiedad social tampoco son un caso único de esto. Mucha gente está atrapada en una especie de zona de complacencia que es relevante para sus problemas.

La forma en que piensa y se comporta puede indicar si está atrapado en esta zona. Por ejemplo, ¿en ocasiones encuentra que tiende a posponer la solución de ciertos problemas, prefiriendo en cambio fingir que los problemas no existen? Una zona de complacencia también conlleva mucha racionalización en la que podría estar buscando excusas y explicaciones aparentemente racionales para su evasión e inactividad. Su complacencia y miedo pueden hacer que rechace una oferta para reunirse con un amigo, pero es posible que no se lo diga a sí mismo. Es decir, cuando estamos atrapados en esta situación, es fácil encontrar un millón de explicaciones aparentemente racionales, como que estábamos cansados o demasiado ocupados cuando sabemos en el fondo que esto no es cierto.

Como puede ver, no existe mucho "consuelo" en todo esto, solo autoengaño y estancamiento. Otra razón por la que es importante comprender la diferencia entre esto y una "zona de confort" es que desea confiar en sus fortalezas en la lucha contra la ansiedad social. Por ejemplo, cuando un introvertido llega a pensar que se supone que debe actuar como un extrovertido para dejar su zona de confort percibida, esa persona se preparará para el fracaso.

Tiene suficiente con su ansiedad social, por lo que no siempre es una buena idea colocarse en situaciones que no están de acuerdo con su personalidad además de eso. Como introvertido, podría ser mejor para usted probar y practicar sus habilidades sociales en situaciones en las que sus fortalezas introvertidas innatas pueden destacar. Piense en cosas como su concentración, introspección y otros aspectos en las que es destacado.

Si usamos estas definiciones y consideramos la diferencia entre comodidad y complacencia, queda claro que su zona de comodidad real no es necesariamente algo malo. Teniendo todo esto en cuenta, considere la naturaleza de los extrovertidos por un momento. Estar rodeado de mucha gente y tener mucha interacción es lo que consideraríamos la zona de confort de un extrovertido. Por supuesto, la gente no tiende a alentar a los extrovertidos a salir de esta "zona de confort" en particular, sino que se alienta a los extrovertidos. Como tal, un consejo equivocado termina alentando a los introvertidos a dejar literalmente su "zona de confort" natural y luego pretender sentirse cómodos en la de los extrovertidos.

Con todo lo dicho, es cierto que la mayoría de la gente simplemente usa el término "zona de confort" como sinónimo de lo que acabamos de describir como la zona de complacencia. Ahora que hemos aclarado la diferencia importante y el significado real de ambos, haremos lo mismo de aquí en adelante para simplificar las cosas.

Mucho de lo que hemos discutido en este libro implica salir de su zona de confort. Iniciar conversaciones, comenzar a meditar, abordar los pensamientos problemáticos que tiene en su mente y algunas otras cosas que mencionamos pueden ser incómodas cuando padece TAS. Como sucede con muchos otros aspectos en la vida, la parte más difícil para muchas personas es comenzar.

La evitación puede volverse tan familiar, y su mente puede acostumbrarse tanto a ello que se olvide por completo de lo que es estar en cualquier otro estado. Puede parecer increíble para aquellos que solo tienen una leve ansiedad social, pero algunas personas han complacido su miedo y han evitado durante tanto tiempo que incluso las interacciones más básicas pueden parecer imposibles. Es por eso que podría empezar a pensar que se siente más cómodo quedándose en casa y aislándote del mundo.

Al romper con esa idea de comodidad y enfrentarse a sus miedos, descubrirá que su mente puede acostumbrarse con la misma facilidad a la interacción que al aislamiento. Incluso al luchar contra los trastornos de la personalidad, las personas todavía poseen una capacidad increíble para adaptarse y acostumbrarse a nuevas situaciones, especialmente cuando son rutinarias. Si encuentra la fuerza para dar esos pasos iniciales, encontrará que *todo es posible.*

Escapar

Entonces, ¿cómo puede salir de su zona de confort? Por lo general, implicará asertividad y acción decisiva o, en una palabra, audacia. Aun así, puede ser metódico, sistemático y gradual con la forma en que escapa de su zona de confort. Existen numerosas estrategias, consejos y cambios que puede probar, especialmente cuando se trata de ansiedad social.

Preparándose para el Primer Paso

Esto no significa prepararse para hacer una película en cada momento en el que ya se encuentra en una situación determinada. Significa preparar su mente y su cuerpo durante sus días cuando llega el momento de actuar. Puede prepararse para salir de su zona de confort de muchas formas, algunas de las cuales ya hemos comentado. La superación personal es ciertamente un ejemplo. Puede ayudar a muchas personas si están en forma, por ejemplo, por lo que elegir un régimen de ejercicios y ponerse en forma siempre puede hacer que sea más fácil salir de su zona de confort socialmente ansiosa.

También es importante aclarar algunas cosas consigo mismo. Por un lado, considere cuál es la parte más problemática que desea cambiar. Trate de identificar el comportamiento exacto que desea detener en el futuro. Esto puede ser algo muy simple y pequeño solo para comenzar. Piense en algo que haga para satisfacer su ansiedad social, como evitar hablar por teléfono. Elija cualquier parte individual de su comportamiento de evitación y concéntrese en romper el ciclo la próxima vez que surja una oportunidad. En el momento en que actúe y diga que no a su evasión, incluso de la manera más simple, será el momento en que comience su nueva vida.

Crear un Plan de Acción

Otra cosa que es útil es tener razones para hacer lo que hace. De esa manera, si las cosas se ponen difíciles o siente miedo, siempre tendrá esas razones a las que recurrir. Tenga siempre presentes sus razones y sus objetivos generales, utilizándolos como fuente de energía.

Además, siempre es recomendable tener un plan sólido y relativamente detallado para las cosas que desea hacer. ¿Tiene la intención de salir de su zona de confort solicitando un nuevo trabajo y acudir a la entrevista? En ese caso, haga un plan que incluya todas las cosas que quiere decir, cómo se va a presentar y todas las demás partes que entran en él. Debe planificar para cuando las cosas vayan mal, como si los entrevistadores le hacen una pregunta capciosa o exponen sus debilidades.

Sin obsesionarse con la forma en que se va a sentir, debe hacer un plan claro y un plan de respaldo para que nunca pierda el control. Los giros inesperados pueden dejarlo perplejo y atrapado en un ciclo de ansiedad. El objetivo de estar preparado no es solo tener éxito, sino también enfrentarse al fracaso y prepararse para el próximo intento. Vaya donde vaya, prepárese con un plan.

Adaptar sus Expectativas

En primer lugar, por supuesto, debe esperar mucha incomodidad y prepararse para numerosas fallas, por si acaso. Mencionamos que dar el primer paso es lo más importante, pero eso no significa que deba esperar que las cosas se unan mágicamente tan pronto como de un paso en la dirección correcta.

Trate de considerar todas las formas posibles en las que puede ir una situación, anotando esos escenarios. Esto a menudo puede tener un efecto calmante porque hace que las cosas parezcan menos intimidantes de lo que eran en su cabeza. Además, no estamos hablando de preocuparnos obsesivamente por un escenario; simplemente trate de ser lo más objetivo posible, pensando en algunas formas en las que su aventura fuera de la zona de confort puede ir. El propósito de ello es mostrarle que incluso el peor escenario probablemente sea inofensivo y no tendrá ramificaciones duraderas, lo que le dará más motivación para hacerlo.

Lo más importante es no tener expectativas demasiado altas. De hecho, eso es más importante incluso que tenerlos demasiado bajos. No se prepare para la decepción porque eso puede ser más desalentador que cualquier mal escenario que pueda imaginar. Considere tanto los resultados buenos como los posibles malos y trate de cambiar su perspectiva de la preocupación a la curiosidad. Intente sentir curiosidad por ver qué sucede cuando sale de esa zona.

No Pensar Demasiado

Las oportunidades para salir de su zona de confort frecuentemente pueden aparecer de la nada. Es posible que se encuentre afuera, simplemente en su día, cuando de repente, existe una oportunidad de interactuar con alguien y establecer un contacto significativo. Por supuesto, estas posibilidades son especialmente comunes cuando sales por la noche, por ejemplo.

Si decide que acercarse a alguien e iniciar una conversación es su forma preferida de salir de su zona de confort, debe aplicar algo a lo que algunas personas se refieren como la "regla de los tres segundos". Esta regla se aplica a todo tipo de formas de salir de las zonas de confort, no solo en situaciones sociales. Simplemente prescribe esperar no más de tres segundos antes de actuar.

El objetivo es no permitir que su mente caiga en su antiguo patrón de sobre analizar y entrar en pánico sobre un millón de formas en las que puede avergonzarse. Si ve a alguien con quien quiere hablar, simplemente repítase que esta es la oportunidad que ha estado esperando, no algo que temer, y luego haga un movimiento. Ciertamente, es más fácil decirlo que hacerlo, y puede que necesite algo de práctica antes de tener éxito, pero los resultados pueden ser increíbles. Cuando no le brinda a su mente temerosa el tiempo suficiente para desmotivarlo, es posible que rápidamente se encuentre en una conversación agradable, dándose cuenta de lo poco que había que temer. Esta es una de las mejores formas de combatir la ansiedad social.

Dejar de Ser un Espectador en su Vida

Hágase una pregunta simple: ¿Quiere hacerse cargo y desempeñar un papel activo en su vida, o prefiere ser un espectador de su propia historia? Solo hay unas pocas cosas que pueden llevarlo por un camino de pasividad de la misma manera que lo puede hacer la ansiedad social. Este trastorno busca que se aleje y deje pasar la vida. Quiere que se quede en casa, adopte una existencia pasiva en la que solo espera a que sucedan las cosas en lugar de que hacerlas que sucedan.

Por más cómodo que pueda parecerle a su mente condicionada, al final no funcionará. Para llegar a cualquier parte de la vida, primero debe comenzar a moverse, y no importa cuán pequeños sean esos pasos iniciales, siempre que los haga. Si observa que la gente hace las cosas que quiere hacer, pregúntese qué es lo que realmente lo detiene. Una de las cosas más importantes que ha aprendido de este libro es que la ansiedad social es algo que puede y debe superar por su cuenta. No es un problema que otros puedan resolver por usted. Debe dejar de ser el espectador de su propia vida y empezar a asumir el papel principal y activo que siempre estuvo destinado a usted.

Conclusión

Como puede ver, su ansiedad social es una carga que puede eliminar con el tiempo. Aunque la historia de nadie es igual, su primera fuente de consuelo puede ser darse cuenta de que su problema es muy común. Lo que también es muy probable es que haya muchas, muchas personas cuya ansiedad social es mucho peor que la suya. No obstante, incluso ellos pueden superarlo, y lo hacen, en ocasiones completamente por su cuenta.

Sin embargo, si tiene el apoyo de un amigo o familiar cercano, eso es aún mejor. Debe hablar con ellos sobre su problema, especialmente si son extrovertidos y no tienen tales problemas. Hacer que las personas cercanas a usted comprendan por lo que está pasando puede ser increíblemente alentador, pero también puede facilitar su vida y su recuperación.

Tampoco debe abstenerse de buscar ayuda profesional de un psiquiatra o terapeuta. Siempre puede programar una sesión al menos como medio de diagnóstico y para tener una conversación. A muchas personas ni siquiera se les ocurre que podrían buscar tal ayuda, mucho menos que podría ayudarles, pero generalmente se equivocan. Los terapeutas pueden ser increíblemente hábiles para llegar a la raíz de sus problemas, y es posible que se sorprenda de la ayuda que pueden brindarle en un corto período de tiempo.

Además, es posible que descubra que se percatan rápidamente de cosas que pensaba que nadie entendería jamás.

Con todo, su tiempo ha llegado a su fin de desesperarse y especialmente para dejar de permitir que este trastorno controle su vida y quitarle la alegría. Ahora sabe que no tiene que vivir de esta manera y que solo requiere un poco de esfuerzo y paciencia de su parte. Con una actitud informada y positiva, ¡podría convertirse en una persona completamente nueva!

Fuentes

https://www.psycom.net/social-anxiety-disorder-overview

https://adaa.org/understanding-anxiety/social-anxiety-disorder

https://www.webmd.com/anxiety-panic/guide/mental-health-social-anxiety-disorder#1

https://socialphobia.org/social-anxiety-disorder-definition-symptoms-treatment-therapy-medications-insight-prognosis

https://www.mayoclinic.org/diseases-conditions/social-anxiety-disorder/symptoms-causes/syc-20353561

https://www.youtube.com/watch?v=BcRobzrfc98

https://introvertdear.com/news/anxious-introverts-fears/

https://www.psychologytoday.com/us/blog/the-secret-lives-introverts/201805/15-signs-anxious-introvert

https://www.wisebread.com/7-social-situations-all-introverts-fear

https://www.healthline.com/health/how-to-calm-anxiety#3

https://www.verywellmind.com/managing-panic-disorder-in-public-2584185

https://www.healthline.com/health/mental-health/panic-attacks-in-public#4

https://www.webmd.com/mental-health/features/ways-to-reduce-anxiety

https://verilymag.com/2018/12/signs-of-social-anxiety-social-anxiety-disorder-anxiety-introvert

https://www.youtube.com/watch?v=n5Xsk6vwzYY

https://www.huffpost.com/entry/difference-social-anxiety-introversion_n_5adf5e6de4b07560f3961226

https://www.melbournechildpsychology.com.au/blog/distinguishing-behaviours-the-difference-between-shyness-introversion-and-social-anxiety/

https://www.quietrev.com/the-4-differences-between-introversion-and-social-anxiety/

https://www.promisesbehavioralhealth.com/addiction-recovery-blog/introvert-shy-socially-anxious-whats-the-difference/

https://introvertdear.com/what-is-an-introvert-definition/

https://www.verywellmind.com/signs-you-are-an-introvert-2795427

https://psychcentral.com/blog/treating-social-anxiety-with-meditation-and-mindfulness-training/

https://www.verywellmind.com/meditation-for-social-anxiety-3024211

https://missionbe.org/faq/?gclid=Cj0KCQiAvJXxBRCeARIsAMSkAppB8mkjiygV7Gu4HMMpnF8FK5YnBC81SJpET4pbC7TbR2JtF_U6-L0aAkgPEALw_wcB

https://www.mindful.org/meditation/mindfulness-getting-started/

https://www.alustforlife.com/soul/you-are-alive/10-mindfulness-tips-to-help-you-live-a-more-peaceful-life?gclid=Cj0KCQiApaXxBRDNARIsAGFdaB_N1hDQZTikREC_dw6tnrGUh4hDNxke05cEVuaeSm6sTM0zNVGYXrwaApweEALw_wcB

https://www.youtube.com/watch?v=ld_QpsD0qpk

https://www.mindful.org/mindfulness-how-to-do-it/

https://www.youtube.com/watch?v=xsCxltuzmDI

https://www.youtube.com/watch?v=CjsZfYjaTUQ

https://www.elitedaily.com/p/how-introverts-can-make-small-talk-less-painful-more-meaningful-according-to-experts-8917603

https://www.lifehack.org/articles/lifestyle/7-epic-strategies-for-introverts-by-introverts-to-ignite-your-social-skills.html
https://www.youtube.com/watch?v=Jv_Qjis_ZXo
https://www.youtube.com/watch?v=xIE_w0QLyiE
https://www.youtube.com/watch?v=2yRVP9PHnEE
https://www.wikihow.com/Be-Socially-Confident
https://www.lifehack.org/372358/5-ways-start-building-social-confidence-today
https://thriveglobal.com/stories/comfort-zone-or-complacency-zone-please-stop-scaring-introverts/
https://nationalsocialanxietycenter.com/2018/02/16/overcoming-social-anxiety-choosing-step-outside-comfort-zone/
https://herpaperroute.com/get-out-of-your-comfort-zone/
https://www.psychologytoday.com/intl/blog/cutting-edge-leadership/201405/introversion-5-strategies-pushing-out-your-comfort-zone
https://www.youtube.com/watch?v=3jy-44L7_bo
https://www.youtube.com/watch?v=cmN4xOGkxGo
https://www.health.harvard.edu/blog/do-i-have-anxiety-or-worry-whats-the-difference-2018072314303
https://www.psychologytoday.com/us/blog/the-squeaky-wheel/201603/10-crucial-differences-between-worry-and-anxiety
https://www.verywellmind.com/fear-and-anxiety-differences-and-similarities-2584399
https://www.psychiatry-uk.com/anxiety-explained/
https://www.psychologytoday.com/us/blog/science-choice/201812/anxiety-vs-fear
https://www.goodtherapy.org/blog/psychpedia/trigger
https://www.verywellmind.com/which-situations-trigger-anxiety-3024887
http://overcomingsocialanxiety.com/common-social-anxiety-triggers/
https://www.youtube.com/watch?v=mmPMwYHtoD4
https://www.helpguide.org/articles/anxiety/social-anxiety-disorder.htm

https://lifehacker.com/what-anxiety-actually-does-to-you-and-what-you-can-do-a-1468128356

https://www.psychologytoday.com/us/blog/wander-woman/201507/5-steps-managing-your-emotional-triggers

https://www.inc.com/nate-klemp/try-this-neuroscience-based-technique-to-shift-your-mindset-from-negative-to-positive-in-30-seconds.html

https://www.psychologytoday.com/us/blog/women-s-mental-health-matters/201509/7-ways-deal-negative-thoughts

https://www.verywellmind.com/what-are-negative-automatic-thoughts-3024608

https://www.psychologytoday.com/us/blog/the-mindful-self-express/201708/3-negative-thinking-patterns-avoid-what-do-instead

https://www.psychologytoday.com/intl/blog/fulfillment-any-age/201806/is-social-anxiety-getting-in-the-way-your-relationships

https://psychcentral.com/blog/you-can-stop-social-anxiety-from-ruining-your-relationships/

https://www.psychologytoday.com/intl/blog/fulfillment-any-age/201501/6-ways-get-more-comfortable-others-and-yourself

https://shynesssocialanxiety.com/nervous-around-relatives/

https://www.verywellmind.com/managing-social-anxiety-disorder-at-work-3024812

https://www.anxiety.org/if-social-anxiety-disorder-affects-your-romantic-relationships

https://www.learning-mind.com/4-introvert-types-which-one-are-you/

https://thriveglobal.com/stories/25-signs-that-tell-you-are-an-introvert%EF%BB%BF/

https://www.mindfulnessmuse.com/individual-differences/myers-briggs-8-introverted-personality-types

https://introvertdear.com/what-it-feels-like-to-be-an-introvert/

https://introvertspring.com/15-introvert-myths-busted/

https://www.elegantthemes.com/blog/business/famous-introverts-and-what-you-can-learn-from-them

https://www.magicaldaydream.com/2015/09/7-tips-on-how-to-change-the-world-if-youre-an-introverted-unicorn.html

https://thehustle.co/why-introverts-make-great-leaders/

https://www.lifehack.org/articles/communication/5-simple-and-effective-leadership-tips-for-introverts.html

https://www.scienceofpeople.com/introvert/

https://www.trade-schools.net/articles/best-jobs-for-introverts

https://psych2go.net/10-things-introverts-need-relationship/

https://psych2go.net/6-relationship-tips-for-introverts/

https://www.huffpost.com/entry/how-to-network-introvert_l_5d13d8c2e4b0d0a2c0ab3e92

https://www.forbes.com/sites/jonlevy/2018/04/20/8-networking-tips-for-introverts-from-a-superconnector/#60845ca226ef

https://introvertdear.com/news/introverts-guide-making-friends-get/

https://www.valgeisler.com/11-perfectly-introverted-ways-to-make-friends-as-an-adult/

https://introvertspring.com/how-to-make-friends-if-youre-an-introvert/

https://www.quietrev.com/the-4-differences-between-introversion-and-social-anxiety/

https://themighty.com/2019/03/introvert-with-social-anxiety-what-to-know/

https://www.elitedaily.com/p/how-introverts-can-make-small-talk-less-painful-more-meaningful-according-to-experts-8917603

https://www.lifehack.org/articles/lifestyle/7-epic-strategies-for-introverts-by-introverts-to-ignite-your-social-skills.html

https://www.wikihow.com/Be-Socially-Confident

https://introvertdear.com/news/anxious-introverts-fears/

https://psych2go.net/5-steps-to-overcome-your-fears-as-an-introvert/

https://introvertdear.com/news/introverts-happy-need/

https://www.verywellmind.com/how-to-be-a-happy-introvert-1717557

https://introvertdear.com/news/introverts-alone-time-science-marti-olsen-laney/

https://psychcentral.com/lib/introverts-and-the-quest-for-quiet/

https://blog.dropbox.com/topics/work-culture/introverts-quiet-time-creativity

https://introvertspring.com/the-truth-about-introvert-anxiety-and-depression/

https://www.familyaddictionspecialist.com/blog/how-mental-health-issues-may-differ-among-introverts-and-extroverts

https://introvertdear.com/news/5-reasons-introverts-mental-health-plan/

https://jenniferrabin.com/introverts-can-change-world/